Atme auf – Den Grundstein zu diesem Übungsbuch
für Leib- und Seelsorge legte meine Mutter,
Charlotte Dyckhoff, die darauf bedacht war,
mich immer wieder mit der Erde zu verbinden.
Sie verhinderte damit eine „Verkopfung" und ein
„Abheben" sowohl meiner Person als auch meiner Arbeit.
Dieses Buch, das Menschen konkrete Hilfe, Hoffnung
und auch einen Blick für Wirklichkeiten geben soll,
ist im Andenken an meine Mutter geschrieben.

www.einfach-beten.de

Peter Dyckhoff

Atme auf

77 Übungen
zur Leib- und Seelsorge

Don Bosco

Peter Dyckhoff, geboren 1937, Studium der Psychologie, Geschäftsführer eines mittelständischen Industriebetriebes, 1977: Studium der Theologie, Priester, Wallfahrtsseelsorger in Kevelaer, Gemeindepfarrer, langjähriger Leiter eines bischöflichen Bildungshauses im Bistum Hildesheim. Kurse und Publikationen zur christlichen Gebets- und Meditationspraxis. Peter Dyckhoff, Schölling 37, 48308 Senden.

Die Deutsche Bibliothek – CIP-Einheitsaufnahme

Ein Titeldatensatz für diese Publikation
ist bei Der Deutschen Bibliothek erhältlich.

1. Auflage 2001 / ISBN 3-7698-1288-3
© 2001 Don Bosco Verlag, München
Umschlag: Margret Russer
Foto: Andreas Pohl
Gesamtherstellung: Don Bosco Grafischer Betrieb, Ensdorf

Inhalt

Bevor du „einsteigst" ...
Wie es zu diesem Buch kam 9
Auf einen Nenner gebracht: Übungen, Wirkungen
    und religiöse Bezüge 12
Konkrete praktische Hinweise 23

Finde Zugang zu dir selbst
1   Vertraue 26
2   Nutze die Anziehungskraft 28
3   Gehe aus dir heraus 30
4   Atme Ruhe 32
5   Sorge dich nicht 34
6   Lebe aus deiner Mitte 36
7   Ziehe Kraft aus der Stille 38
8   Stehe zu dir 40
9   Beruhige dich wieder 42
10 Finde Zugang zu dir selbst 44

Bewahre deine Gesundheit
11 Finde dein Gleichgewicht 48
12 Überwinde deine Müdigkeit 50
13 Fühle dich wie neugeboren 52
14 Schöpfe Kraft durch deinen Atem 54
15 Willst du gesund werden? 56
16 Wirf ab, was dich krank macht 58
17 Entlaste dein Geschlechtszentrum 60
18 Erfrische dich 62
19 Bewahre einen kühlen Kopf 64
20 Belebe deinen Kreislauf durch die Kraft
    des Wassers 66
21 Danke deinem Körper 68

Intensiviere deine Wahrnehmung

22 Sieh Frieden inmitten von Schwierigkeiten 72
23 Lass dich los 74
24 Erweitere deinen Blickwinkel 76
25 Nimm wahr, was dich umgibt 78
26 Schärfe deine Sehkraft 80
27 Verliere nichts aus den Augen 82

Stärke deine Persönlichkeit

28 Entfalte dich 86
29 Setze dich aufrecht 88
30 Erhöhe deine Standfestigkeit 90
31 Sei tragfähig 92
32 Finde dein inneres Gleichgewicht 94
33 Behaupte dich 96
34 Beuge dich, ohne zu zerbrechen 98
35 Halte dir den Rücken frei 100
36 Werde belastbarer 102
37 Stärke dein Rückgrat 104
38 Stelle dich auf deine eigenen Füße 106
39 Bewege dich 108
40 Bewahre Haltung 110
41 Schreite bewusst voran 112

Vertiefe deine Spiritualität

42 Gib den Weg nach innen frei 116
43 Finde deine Wurzeln 118
44 Nimm dein Kreuz an 120
45 Richte dich auf 122
46 Atme Heiligen Geist 124
47 Bleibe fest und ruhig stehen 126
48 Genieße lebendiges Wasser 128
49 Finde das Heil in dir 130
50 Spüre die Verbindung zwischen Erde und Himmel .. 132
51 Gewinne Kraft durch dein Kreuz 134
52 Bereite dich zum Gebet 136

Inhalt

Fördere dein Leistungsvermögen
- 53 Stehe mit beiden Beinen auf der Erde 140
- 54 Stärke dein Selbstbewusstsein 142
- 55 Entlaste dich 144
- 56 Löse deine Halsstarrigkeit 146
- 57 Werde leistungsfähiger 148
- 58 Sprenge Grenzen 150
- 59 Lass Dampf ab 152
- 60 Biete die Stirn 154
- 61 Schöpfe neue Energie 156
- 62 Tanke auf 158
- 63 Gewinne Kraft und neue Lebensenergie 160
- 64 Wachse über dich hinaus 162

Verbessere deine Beziehung zu anderen
- 65 Sei gegenwärtig 166
- 66 Öffne dein Bewusstsein 168
- 67 Sage Ja oder Nein 170
- 68 Sei achtsam 172
- 69 Löse dich von Verbissenheit 174
- 70 Atme dich frei 176
- 71 Öffne deine Hände 178
- 72 Empfange und gib weiter 180
- 73 Werde großzügig 182
- 74 Hab Mut wie ein Löwe 184
- 75 Intensiviere deine Ausstrahlungskraft 186
- 76 Werde umsichtiger 188
- 77 Gib Liebe und Barmherzigkeit 190

Literatur 192

Bevor du „einsteigst" ...

Wie es zu diesem Buch kam

Fast unerträglich war der Religionsunterricht für mich - vielleicht auch für die Schüler. So machte ich - sozusagen um „durchzuhalten" - meine ersten Erfahrungen mit einem Beten, das auch den Leib einbezieht. Vor über dreißig Jahren hatte ich in St. Georgen bei Bruneck, Südtirol, an der Elementar-Schule Religionsunterricht zu erteilen. Die Klassen waren übervoll mit Schülerinnen und Schülern im Aufbruchsalter zwischen neun und zwölf Jahren.
Die Religionsstunden - zu allen Zeiten des Vormittags zwischen die Fächer Mathematik, Italienisch und Deutsch in den Stundenplan gequetscht - wurden zur nicht enden wollenden Qual. Fiel „Religion" auf die erste Stunde, und das geschah auch recht häufig, konnte ich den noch so gut methodisch und didaktisch aufbereiteten Stoff ganz vergessen. Entweder war die Unruhe in der Klasse so groß, dass ich nicht einmal mein eigenes Wort verstand, oder die Müdigkeit und das damit verbundene Desinteresse lähmte jegliche Kommunikation. Bis spät in die Nacht strahlte die RAI deutschsprachige Fernsehserien aus, die sich wohl kaum einer der Schüler entgehen lassen wollte. Zum Glück hatte ich einige dieser Serien Jahre zuvor in Deutschland gesehen, so dass wir dann doch wenigstens ins Gespräch kamen. Jedoch aus „Bonanza", „77 Sunset Strip" oder „Perry Mason" eine religiöse Thematik zu entwickeln und gar noch auf „Abraham" zu kommen, gelang mir nicht. Die Schüler hatten somit keinen rechten Religionsunterricht – und ich hatte Kopfschmerzen, da ich mich selbst in Frage stellte und keinen Ausweg wusste.

Als ich eines Tages - um die Schülerinnen und Schüler zu beschäftigen - sie eine frei gewählte Szene aus der Abraham-Geschichte malen ließ und es ausnahmsweise einmal recht still um mich herum war, dachte ich an das Wort, das Gott an Abraham richtete: „Zieh fort aus deinem Land." Und von diesem Augenblick an wusste ich, was ich zu tun hatte.

Ohne den Rektor der Schule oder meinen Bischof zu fragen, verlegte ich ab sofort meinen Religionsunterricht in die Turnhalle. Als wir den Klassenraum mit einem für die Schüler unbekannten Ziel verließen, herrschte bereits unter ihnen große Aufmerksamkeit - ganz abgesehen von der Neugier. Ohne Worte wies ich ihnen den Weg zur Turnhalle. Ich zog - und alle machten es nach - meine Schuhe aus, nahm mir ein Tamburin, das ich zufällig auf einem Kasten liegen sah, setzte mich in die Mitte der Halle und begann einen Takt zu schlagen. Ich tat, als ob ich mich allein unterhalten wollte, hatte jedoch alle im Blick. In den ersten zehn Minuten - und diese wurden mir mit dem Schlagen des immer gleichen Taktes sehr lang - war ein Tohuwabohu um mich herum. Ich griff jedoch nicht ein.

Und dann geschah es: Nacheinander setzten sich alle Schüler fast lautlos um mich herum auf den Boden, bildeten einen großen Kreis und stimmten mit Händen, Füßen oder der Stimme in den Takt ein, den ich immer noch schlug. Als ich aufhörte, herrschte Stille. In sie hinein konnte ich nun vor offenen Ohren und großen wachen Augen sprechen, Fragen stellen und auf das Thema unseres Religionsunterrichtes zurückkommen. Hatte ich - auch in späteren Stunden dieser Art - das Gefühl aufkommender Unruhe, stand ich aus dem Kreis auf, machte eine der in diesem Buch beschriebenen Übungen und hieß dann die Schüler sie nachzumachen - jeder für sich, gesammelt bei sich, ohne den anderen zu berühren. Schon das Gespanntsein auf eine neue Übung erhöhte die Aufmerksamkeit derart, dass man eine Nadel hätte fallen hören. Nachdem durch die Übung sich aufgestaute Spannung entladen hatte und ungeordnete Energie ins Fließen gekommen war, schenkten sich mir Stille, Achtsamkeit, Zeit und innerer Freiraum, in den ich die Samenkörner einer religiösen Botschaft ausstreuen konnte. Selbst wenn ich jetzt nur noch wenig Zeit für den herkömmlichen Religionsunterricht zur Verfügung hatte, so war diese Form der Religionsstunde für uns alle sehr fruchtbringend. Ich bemerkte auch, wie wohltuend und entspannend der bewusste Kontakt mit dem Boden ist – sowohl während der Übungen als auch im stillen Sitzen auf der Erde.

Von da an fand mein Unterricht regelmäßig in der Turnhalle statt und niemand – weder die anderen Lehrer noch die Eltern der Schüler – sagte etwas. Ich versuchte, gezielt Körperübungen zu entwickeln, die genau zu der vorgegebenen Thematik passten bzw. auf sie zielten. Kurse in Eutonie und Selbsterfahrung, die ich innerhalb meiner Ausbildung besuchen durfte, waren mir Anregung und große Hilfe. Auf allen Seiten war neue Begeisterung und Freude eingetreten – nicht zuletzt auch Dankbarkeit. Nachdem ich nach Deutschland versetzt wurde und keinen Religionsunterricht mehr zu geben hatte, fehlte mir etwas ...
Noch heute stehe ich mit einigen Schülerinnen und Schülern aus St. Georgen in Verbindung. Sie schreiben mir zu Weihnachten oder teilen wir wichtige Ereignisse aus ihrem Leben mit – obwohl sie selbst erwachsen und bereits Eltern sind.

Die tiefgreifende Erfahrung, mit Leib und Seele zu beten, führte dazu, dass ich in jeden Exerzitien- oder Meditationskursus Körperübungen mit hineinnahm und hineinnehme, die dann zu einem befreienden, reinen Gebet werden. Immer wieder bin ich fasziniert und dankbar, sehen und erleben zu dürfen, wie bei vielen Menschen durch regelmäßiges Üben Verwandlung geschieht.

So ist dieses praktische Handbuch für einfache Bewegungsabläufe entstanden, die wenig Zeit in Anspruch nehmen, jedoch große Wirkung auf Körper, Geist und Seele haben. Das Buch ist also aus der Erfahrung für die Erfahrung geschrieben. Ich habe versucht, die Anleitung zu den Übungen, die Wirkungen und den religiösen Bezug auf einen Nenner zu bringen.

Wir alle sind mitverantwortlich für unser Werden. In Einzelgesprächen und in Kursen versuche ich seit mehr als dreißig Jahren die Gefahr des Verlustes der eigenen Identität aufzuzeigen. Wirksame Wege zur Persönlichkeitsentfaltung und Glaubensvertiefung sind heute wichtiger denn je:
- Momente des Wohlbefindens und der wahren Freude finden sich bei vielen Menschen zu selten.
- Es gibt viele Zeichen dafür, dass große Sehnsucht nach echter Ursprünglichkeit besteht.
- Der Körper macht Anspannungen und Leiden sichtbar, indem er unverarbeitete innere Vorgänge, Erfahrungen und Gefühle in mannigfaltiger Weise widerspiegelt.
- Seelische Belastungen drücken sich in körperlichen Spannungen aus, die auch das Gefühlsspektrum eingrenzen.
- Viele Menschen verbringen ihr Leben in relativ großer Bewegungsarmut. Oft macht das Leiden sie erst reif, ihr wahres Wesen einmal wirklich zu spüren.
- Verkrampfungen oder ein Sich-Gehenlassen stehen der individuellen Selbstverwirklichung im Wege.
- Die Sehnsucht nach Glaubenserfahrung und -vertiefung ist überaus groß – selbst wenn sie von den meisten Menschen nicht zugegeben wird.

Auf einen Nenner gebracht: Übungen, Wirkungen und religiöse Bezüge

Übungen
Jede Arbeit, jeder Beruf und jede Kunst bedürfen – damit das Werk gelingt – der Übung. Wir besitzen ein ungeahntes

Potential an Kräften, das nicht genutzt wird. Es gehört daher zu den wesentlichen Aufgaben eines Menschen, sich zu entwickeln und sich zu sich selbst zu entfalten. Das, was wir sein könnten und sollen, werden wir nicht von selbst: Wir müssen lernen, üben, Erfahrungen sammeln und verarbeiten. Diese Übungsreihe möchte dazu beitragen.

Jede Übung hat einen äußeren und einen inneren Sinn, der zwar kurz angedeutet wird, in der Hauptsache jedoch selbst erfahren werden muss. Die Übungen sprechen sowohl unsere innere als auch unsere äußere Haltung an und verwandeln sie. Es sind daher keine reinen Körperübungen. Es handelt sich vielmehr um Übungen, die den ganzen Menschen betreffen, ihn in all seinen Dimensionen aufrufen und wandeln. Daher ist es notwendig, sich bei den Übungen daran zu gewöhnen, mit seinem vollen Bewusstsein in seinen Körper zu gehen, ihn zu spüren und in jedem Augenblick ganz präsent zu sein.
Die Übungen dürfen nicht zu einer Technik degradiert, sondern müssen immer wieder durch das Sich-Einfühlen begleitet werden. Wenngleich die Übungen auch in der Gruppe ausgeführt werden können, so bleiben sie doch Angelegenheit des Einzelnen.

Was sollte man wissen, bevor man beginnt?

- Alle Übungen sind unkompliziert und leicht durchzuführen.
- Sie haben nichts mit „Leistung" zu tun; es muss nichts „erreicht" oder „erledigt" werden.
- Nimm dich in deiner ganzen Gestalt wahr.
- Gehe behutsam mit deinem Körper um.
- Lass nur die Bewegung zu, die dir möglich ist.
- Hab Freude an deiner Bewegung, begleite sie jedoch immer mit deiner Achtsamkeit.
- Wisse um die rechte Haltung, die immer bestimmt ist durch den „rechten Schwerpunkt". Bei vielen ist der Schwerpunkt zu weit nach oben verlagert.

- Liegt der Nacken nicht in der senkrechten Linie - Becken, Wirbelsäule und Kopf –, hindert er das In-sich-Hinabsteigen.
- In der Langsamkeit erschließen sich neue Möglichkeiten für die Bewegung.
- Kehre zur Aufmerksamkeit zurück, wenn du mit deinen Gedanken abschweifst oder dein Intellekt dich festhält, indem er dir sagt, dass alles sinnlos, langweilig oder zwecklos sei.
- Widerstrebe der Verlockung, etwas Neuartiges zu suchen, und suche stattdessen Tiefe.

Atemübungen gehören zum wichtigsten Teil der Übungen. Sie reinigen den Körper, beruhigen die Gefühle und können Körper und Geist ins Gleichgewicht bringen. Der griechische Philosoph und Arzt Hippokrates (um 460 v.Chr.-370 v.Chr.) zählte die Atmung neben dem Herzschlag zu den wertvollsten Rhythmen der Erde. Ohne Nahrung können wir lange auskommen, doch ohne Sauerstoff höchstens vier Minuten. Viele Menschen macht die hektische Zeit, in der wir leben, im wörtlichen Sinne atemlos. Sie haben das Gefühl für ihren Atem verloren; sie atmen flach und angespannt und nutzen dadurch nur ein Fünftel ihrer Lungenkapazität. Manche halten sogar bei starker Beanspruchung die Luft an anstatt sie abzugeben.

Die Art, wie ein Mensch atmet, drückt seine Befindlichkeit und Haltung gegenüber dem Leben aus. Ist der Atem nicht in Ordnung, ist der ganze Mensch nicht in Ordnung - nicht nur sein Körper. Atemstörungen kommen am häufigsten auf Grund lang andauernder seelischer Belastungen vor. Wir atmen zu wenig aus unserer Mitte, sondern zu weit oben. Bei einer solch flachen Atmung spüren wir unsere Gefühle erheblich schwächer oder gar nicht. Die Folge ist, dass wir uns nicht an wichtigen Bedürfnissen orientieren, sondern mehr und mehr der Ratio folgen oder gar den Wünschen und Erwartungen anderer.

Um eine intensive Wirkung zu erreichen, sind fast alle Übungen mit bewusstem Atmen verbunden:
- Bewusstes Atmen und die Koordination von Atmung und Bewegung bringen uns ein Stück verlorene Freiheit und Lebendigkeit zurück.
- Die Nasenatmung hat Vorrang vor der Mundatmung, da die Nase der einzuatmenden Luft einen gesunden Widerstand entgegensetzt, die Luft beim Einatmen filtert, anfeuchtet und anwärmt und sie somit der Lunge gut vorbereitet anbietet.
- Genügend Sauerstoff beeinflusst unsere Gefühle positiv, beruhigt die Nerven, hilft bei der Verdauung, repariert Zellschäden und befreit den Körper von Abfallstoffen.
- Entscheidend ist das tiefe Atmen und somit das Zulassen des vollen Atems, wie er von selbst kommen und gehen möchte.

Wirkungen

Als Michelangelo Hammer und Meißel an einen rohen Marmorblock ansetzte, wurde er nach seinem Vorhaben gefragt. Er antwortete: „In diesem Felsen ist ein Engel eingesperrt, und ich habe vor, ihn zu befreien."

Das Bild ruht bereits im Marmorblock, doch ist seine Form für den Betrachter noch verborgen. Bearbeitet der Bildhauer den rohen Stein, entfernt er alles, was dem reinen Anblick des noch unsichtbaren Bildes im Wege steht. Erst langsam kristallisiert sich die klare Form heraus, und das wahre Bild kommt in seiner verborgenen Schönheit zum Vorschein. Wie der Bildhauer die Hülle abmeißelt, die die Statue verbirgt, so räumen wir, unserem Lebensrhythmus entsprechend, durch die Übungen mit aller Vorsicht die Hindernisse zur Seite, die die Leuchtkraft unseres eigentlichen Wesens verschatten. Die sanften Bewegungsabläufe in den Übungen für Leib und Seele setzen in besonderer Weise Kräfte in uns frei, die uns aus dem Zwang und der Enge anerzogener und übernommener Verhaltensmuster befreien, in die uns unser Erbgut, unsere Familie, die Erziehung, Staat und Gesellschaft oder gar die Religion hineingezwängt haben.

Zu diesem Ziel führen viele Wege. Wichtig ist es, den jeweils für uns geeignetsten und erfolgbringendsten Weg auszusuchen. Beten in Stille und Meditation sind selbstverständlich Grundlagen für den spirituellen Weg - für viele Menschen jedoch nicht sofort zugänglich oder sogar schädlich. Jedoch nicht nur das stille Sitzen bringt uns mit unserer inneren Quelle in Kontakt, sondern auch die Bewegungsabläufe, die von unserer Achtsamkeit begleitet werden und uns nach Befreiung des Weges in tiefere Schichten des Bewusstseins führen.

Einem mehr nach außen orientierten, extrovertierten Menschen, der vielleicht noch unter hohem Stress steht, würde man eher zu stillem Sitzen und einer damit verbundenen Meditation raten. Ein von seinem Wesen her eher ruhiger Mensch, den man introvertiert nennen könnte, zurückhaltend und in sich gekehrt, sollte sich lieber bewegen und dabei aus sich herausgehen, anstatt sich durch zu viel stilles Sitzen in Depressionen hinein zu meditieren.

Die Auswirkungen der einzelnen Wege sind sehr unterschiedlich. An dieser Stelle sollen jedoch nur diejenigen beschrieben werden, die sich auf die vorgestellten 77 Übungen beziehen. Fast alle Übungen beginnen damit, Bodenkontakt herzustellen und den Standort zu bestimmen. Es geht nicht um ein spirituelles Schweben, sondern zunächst einmal um Erdung und Stabilität. Eine alte Regel sagt: „Unten fest und oben leicht." Die Schwerkraft, die zunächst und immer wieder ausgelotet wird, spielt für die Gestaltung unseres Lebens eine große Rolle. Sie ist auch für die Fähigkeit, spirituelle Tiefe zu entwickeln, von erheblicher Bedeutung. Ist jemand über einen längeren Zeitraum nicht im Lot, so ist er leicht verletzbar und zu kränken, er ist gereizt, ständig in Abwehrstellung, ohne Kontakt zu anderen und äußerst störanfällig.

Bevor du „einsteigst" ...

Die Übungen sollen auf sanfte Weise zu mehr Entspannung führen, damit die nicht aktivierten Kräfte befreit werden und zum Vorschein kommen können. In unseren verspannten Muskeln und Gelenken ruht verborgen eine enorme Energie, die es freizusetzen gilt. Der erste Schritt besteht in der Bewusstwerdung unseres Körpers - sowohl partiell als auch ganzheitlich. Sodann folgt die „Behandlung", die im Erwärmen, Dehnen, Anspannen und Entspannen besteht. Wenn man seine Muskeln entspannt, kommt es auch in anderen Bereichen zur Entspannung: im vegetativen Nervensystem und im geistigen Bereich.

Bevor mit den Übungen begonnen wird, sollte man unbedingt Folgendes wissen: Der Sinn der rechten Entspannung ist nicht eine vollständige Lösung und Aufhebung jeglicher Spannung, sondern eine Umstellung zur rechten und ausgewogenen Spannung. Dabei werden aufgestaute negative Energien und Überspannungen abgegeben. Die Übungen bewirken neben dem geistig-religiösen Aspekt ein Dreifaches:
- Sie lösen Verspannungen, die wir vielleicht schon lange mit uns tragen und die uns einengen.
- Man kann die Verspannungen lösen, wenn sie sich festsetzen wollen,
- ihnen aber auch zuvorkommen und sie somit völlig ausschalten.

Ausrichtung, Entspannung und Spannkraft sind drei Faktoren von besonderer Wichtigkeit, auf die bei den Übungen nicht verzichtet werden kann.

Willentlich kann man mit den Übungen nichts erreichen. Führen wir sie regelmäßig aus, begleiten sie mit unserer Aufmerksamkeit und haben dabei keine bestimmten Erwartungen, stellen sich von selbst gelöste Ruhe und heitere Gelassenheit ein. Die innere Einstellung wird buchstäblich durch die äußere Stellung begünstigt. Es wird angenommen, unser geistiges und seelisches Wohlbefinden sei eng mit der Wirbelsäule verbunden. Die Bereinigung des inneren Lebens führt wiederum zur Richtigstellung der äußeren Haltung.

Neben vielen körperlichen Aspekten, die zur Gesundung beitragen, bedeuten die Übungen daher gleichzeitig innere Einkehr und Umkehr, ein Loslassen von dem, was uns bindet und festhält und ein Zulassen des Wesentlichen in uns. Durch die Aufmerksamkeit und die Präsenz, die alle Übungen begleiten, werden wir in unser wahres Selbst geführt. Auf diesem Weg geschieht Verwandlung, die nur auf der Grundlage des Loslassens von Erreichtem erfolgen kann. Wir erfahren unsere Grenzen, indem wir ein wenig über sie hinausgehen - scheuen aber nicht davor zurück, sondern bejahen und üben die Entgrenzung - die Voraussetzung für den Fortschritt auf dem spirituellen Weg.

Die überwiegenden Eindrücke aus der Umwelt nehmen wir durch das Auge auf. Verspannungen der Augenmuskeln, die durch chronische Überlastung hervorgerufen werden, sind Ursache vieler Augenfehlfunktionen. Jedoch auch seelische Belastungen haben einen nicht zu unterschätzenden Einfluss auf das Sehen. Die Augen werden als „Fenster der Seele" bezeichnet, an dem man ablesen und sehen kann, wie sich der Mensch fühlt und seiner Umwelt begegnet.
Das in den Übungen enthaltene Augentraining hat zum Ziel, schwache, überanstrengte oder fehlsichtige Augen zu stärken, zu entspannen und zu korrigieren - aber auch zu einem geistigen Sehen anzuregen.
Selbst auf die Gefahr hin, dass zu viele Erklärungen zu diesen Wirkungen die individuelle Erfahrung beschränken oder eingrenzen, sollen die Vorteile der folgenden Übungsreihe noch einmal zusammengefasst werden:

- Veränderungen des körperlichen, seelischen und spirituellen Zustandes und somit der gesamten Lebenseinstellung werden spürbar.
- Körper und Geist kommen ins Gleichgewicht.

- Der Übende wird aus einer Zerfahrenheit und aus einer fehlerhaften inneren und äußeren Haltung zurückgeholt. Die Bewegungen des Körpers werden weicher, leichter und mühelos.
- Vielfach können Ermüdungserscheinungen, Verspannungen und Schmerzen des täglichen Lebens vermieden werden.
- Schon nach kurzer Zeit ist spürbar, wie der Körper „auflebt". Man lernt ihn anders wertzuschätzen statt ihn - wie so oft nur - zu „ertragen".
- Umfassende Wahrnehmung der Wirklichkeit und neue Spontaneität werden dem Übenden geschenkt.
- Die Atem- und Entspannungsübungen lockern die Spannung, mildern die Belastungen des Tages und geben Ruhe und neue Energie.
- Bereits wenige Übungsminuten bringen sowohl geistig als auch körperlich Ruhe und Frieden.
- Elastizität, gute körperliche und geistige Gesundheit sowie religiöse Erfahrungen stellen sich ein, wenn diese Übungen regelmäßig praktiziert werden.

Diejenigen, die keine Fehler machen, machen den größten Fehler: Sie versuchen nichts Neues.

Religiöse Bezüge

In den Evangelien erfahren wir kaum etwas darüber, wie und in welcher Haltung Jesus betete. Während seines Gebetes wollte er allein sein. Zweimal jedoch nahm er Petrus, Jakobus und Johannes, die ihm besonders nahe standen, mit. Als er auf dem Berg der Verklärung betete, begann er offenbar von innen zu leuchten. *„Er wurde vor ihren Augen verwandelt. Sein Gesicht leuchtete wie die Sonne, und seine Kleider wurden blendend weiß wie das Licht"* (Matthäus 17,2).

Ein anderes Ereignis, bei dem diese Zeugen gegenwärtig waren, war das Gebet am Ölberg. Wenn sich Jesus in Jerusalem aufhielt, pflegte er regelmäßig dorthin zu gehen, denn auf diese feste Gewohnheit konnte Judas seinen verräterischen

Bevor du „einsteigst" ...

Plan aufbauen. *Matthäus* berichtet, dass sich Jesus zum Gebet zu Boden warf *(26,39)*. Beim Evangelisten *Markus* heißt es: *„Und er ging ein Stück weiter, fiel auf die Erde nieder und betete"* *(14,35)*. *Lukas* schreibt: *„Dann entfernte er sich von ihnen ungefähr einen Steinwurf weit, kniete nieder und betete"* *(22,41)*.
Zwei wesentliche Elemente darf man dem Gebet Jesu entnehmen: Die Regelmäßigkeit hinsichtlich des Ortes und der Zeit und das Verweilen in möglichst engem Kontakt mit der Erde. Hatte Jesus eine solche Haltung und Übung nötig? Als Mensch wird es für ihn wichtig gewesen sein, mit leiblicher Gebärde zu beten - vielleicht auch als Leitbild für uns.

In vielen Übungen wird daher Wert auf die Regelmäßigkeit gelegt und darauf, zu Beginn vor allem Kontakt mit der Erde aufzunehmen. In unseren körperlichen Ausdrucksformen bekunden und verwirklichen wir uns. Eine Gebärde ist umso reiner, je unmittelbarer sie aus unserem ureigensten Wesen kommt. Unser Gebetsleben ist oft verarmt und hat sich ins rein Verstandesmäßige zurückgezogen. Wie sehr die vorgestellten Übungen den ganzen Menschen ergreifen und verändern, ist in vielen Erfahrungsberichten belegt. Es ist kaum vorstellbar, wie so einfache Übungen derartige Wirkungen auf Leib und Seele ausüben. Da Leib und Seele aufeinander bezogen und nicht zu trennen sind, drückt unser Körper - vornehmlich die Haltung, die Augen und besonders die Hände - unsere seelische Befindlichkeit aus.

„In besonderer Weise aber sind Antlitz und Hand Werkzeug und Spiegel der Seele. Vom Antlitz ist es ohne weiteres klar. Aber beobachte einmal bei irgendeinem Menschen - oder bei dir selbst - wie eine Bewegung des Gemütes, Freude, Überraschung, Erwartung sich in der Hand kundtun ... Nach dem Antlitz ist sie der geistigste Teil des Leibes ... So recht ein Organ, in welchem der Mensch die eigene Seele offenbaren kann ... So kann es gar nicht anders sein, als dass die Hand auch dort ihre Sprache hat, wo die Seele so besonders viel sagt - oder vernimmt: vor Gott; wo sie sich selbst geben und Ihn empfangen will: im

Bevor du „einsteigst" ...

Gebet ... Schön und groß ist die Sprache der Hand. Von ihr sagt die Kirche, Gott habe sie uns gegeben, dass wir ‚die Seele darin tragen' ... Halte die Hände recht und sorge, dass dein Inneres mit diesem Äußeren in Wahrhaftigkeit übereinstimme! ... Es darf kein eitles, geziertes Spiel daraus werden, sondern eine Sprache, durch die der Leib in lauterer Wahrhaftigkeit Gott sagt, was die Seele meint." (Romano Guardini, Von heiligen Zeichen, 14–17)

In den Übungen behandeln wir vorerst den Körper und sind mit hoher Achtsamkeit in allen Bewegungen zugegen. Wie von selbst kann sich dann unser Wesen, das ureigentlich und letztlich ein göttliches ist, besser entfalten und klarer in die Welt hineinleuchten, wenn der Strahlkraft sowohl körperlich als auch geistig nichts mehr im Wege steht. Daher ist es wichtig, das Ziel aller Übungen nicht aus dem Bewusstsein zu verlieren. Es besteht nicht darin, etwas zu „können" oder zu „leisten", sondern einzig und allein „Präsenz" zu erreichen, damit das Wesentliche - die Liebe und die Gnade des Schöpfers - durch uns transparent wird. Der Sinn einer jeden Übung ist Verwandlung, so dass sich das durchsetzen kann, was wir wirklich und eigentlich sind: Geschöpfe oder Kinder Gottes, die in Verbindung mit ihrem Ursprung stehen, der Liebe ist.

Die Übungswege, die hier aufgezeigt werden, stimmen mit dem Kern der christlichen Tradition überein. Neben dem körperlichen Aspekt beinhalten sie einen geistig-religiösen Bezug. Sie tragen wesentlich dazu bei, uns selbst als Menschen in der Verwirklichung anzunehmen und gleichzeitig die Grenzen zu akzeptieren, in denen wir hier und jetzt leben dürfen oder müssen. Die Widersprüche bleiben - wir lernen, sie bewusst auszutragen. Darunter wächst jedoch die Sehnsucht, die uns zu dem Ur-Einen drängt, bei dem alle Widersprüche aufgehoben sind.

Der erste Schritt auf diesem körperlich-geistigen Gebetsweg besteht in der Gelassenheit, in heiterer Gelassenheit. Diese ist

ein Ergebnis der Entspannung und damit ein Lernziel der Übungen. Sich entspannen heißt: sich loslassen - loslassen von Gedankengängen, von tief verwurzelten und eingefahrenen Ansichten und Denkweisen. Hierdurch werden wir frei von Vorurteilen, Zwängen und Ängsten und werden gelassener. Hinter dem Begriff „Gelassenheit" stand ursprünglich der Gedanke, sich Gott zu lassen, zu überlassen. In diesem Sinne schrieb der Arzt und Mystiker *Angelus Silesius* (1624–1677) im „Cherubinischen Wandersmann":
„*Was ist Gelassenheit? Ich sag' ohn' Heuchelei,*
Dass es in deiner Seel' der Wille Jesu sei." *(II, 144)*

1750 ergänzte *Gerhard Tersteegen* diesen Gedanken, als er Jesus zum Leser sprechen lässt:
„*Kind, willst du mich recht fassen,*
So musst du dich mir lassen;
Wer sich und alles lässt,
Der hat mich ewig fest."

Die vorgestellten Körperübungen, die im umfassenden Sinn und bei rechter Einstellung bereits zum Gebet werden, vermitteln uns nicht nur Gelassenheit, sondern eröffnen auch tiefe Spiritualität.

- Der Übende erfährt allmählich, dass er nicht nur einen Körper besitzt, sondern dass er Körper, Geist und Seele ist - und dazu gehört eine nicht mit Gedanken fassbare Innerlichkeit.
- Man lernt, sich auf sein Selbst zu besinnen, sein eigenes Bewusstsein zu vertiefen und den Energiefluss zwischen Körper, Geist und Seele anzuregen.
- Die Wahrnehmungsübungen vertiefen die Gebetserfahrungen und geben ihnen mehr Kraft.
- Im rechten Atemholen sind bereits vielerlei Gnaden.
- Dieses Buch der Leib- und Seelsorge möchte dazu beitragen, Freude und Erfüllung im Gebet zu finden.

Bevor du „einsteigst" …

Ignatius von Loyola weist in seinen „Geistlichen Übungen" darauf hin, wie wichtig es ist, vor dem Beten oder der Meditation innezuhalten und sich auch körperlich auf Gott hin auszurichten und zu bereiten.

„Einen oder zwei Schritte vor der Stelle, an der ich die Kontemplation (Betrachtung) oder Meditation zu halten gedenke, will ich mich während der Dauer von einem Vaterunser aufrecht hinstellen, den Geist nach oben gerichtet, und erwägen, wie Gott unser Herr mich anschaut … und mich innerlich vor Ihm verneigen und damit Ehrfurcht und Demut bekunden." (Exerzitien 75)

Konkrete praktische Hinweise

Die folgenden Übungen für Leib- und Seelsorge beanspruchen nur wenig Zeit und sind nicht anstrengend. Sie können von Menschen jeder Altersstufe bedenkenlos praktiziert werden.

Wichtig: Wer jedoch unter hohem Blutdruck, Herzbeschwerden, Atemproblemen, Netzhautablösungen oder Rückenschmerzen leidet, wer ein Kind erwartet, sich gerade von einer Operation erholt oder unter einer chronischen Krankheit leidet, sollte unbedingt vorher einen Arzt fragen.
Die Augenübungen dürfen nicht mit Kontaktlinsen ausgeführt werden.
Verursacht eine Übung Schmerz, Unbehagen oder Schwindel, sollte sie ausgelassen werden. Die goldene Regel heißt: Höre auf deinen Körper!
Auf keinen Fall ersetzen die Übungen eine ärztliche Behandlung.

Die Übungen können den persönlichen Bedürfnissen angepasst werden. Es sollten diejenigen ausgesucht werden, die am meisten Spaß bereiten. Um nicht die Freude zu verlieren oder Widerstände zu erzeugen, sollte man sich nicht zu bestimmten

Bevor du „einsteigst" ...

Übungen zwingen. Kurzes, jedoch regelmäßiges tägliches Üben bringt den meisten Nutzen und ist wirkungsvoller als zum Beispiel einmal wöchentlich zwei Stunden.

- Die Übungen können überall ausgeführt werden - jedoch sollte der Raum nicht zu warm und nicht zu kalt sein.
- Es kann normale Kleidung getragen werden. Manchmal wird man Hemden oder Blusen lockern müssen, die am Hals oder an den Handgelenken zu fest sitzen. Zu enge Kleidung hindert die Bewegung.
- Die besten Zeiten zum Üben: morgens oder abends vor dem Essen.
- Es wird empfohlen, nicht unmittelbar vor dem Schlafengehen zu üben, da sich sonst durch den aktivierenden Charakter einiger Übungen Einschlafschwierigkeiten einstellen können.
- Es ist ratsam, vor den Übungen den Mund auszuspülen und das Notwendige zu verrichten.
- Alle Bewegungsübungen beginnen mit der rechten Seite. Die linke - die Herzseite - folgt.
- Jede Übung ist langsam und gleichmäßig durchzuführen. Anstrengungen sind unter allen Umständen zu vermeiden.
- Wenn nichts anderes angegeben ist, sollte durch die Nase ein- und ausgeatmet werden.
- Es empfiehlt sich, die Übungen ohne Schuhe, in Socken oder barfuß auszuführen, um die Füße zu trainieren, die Reflexzonen zu bearbeiten, besseren Bodenkontakt aufzunehmen, das Gleichgewicht zu unterstützen und die Füße atmen zu lassen.

Viel Freude beim Üben!

Finde Zugang zu dir selbst

1 Vertraue

Übung

Stelle dich aufrecht und nimm mit deinen Füßen Bodenkontakt auf.

- Richte deine Augen auf einen Gegenstand, der in Augenhöhe drei bis vier Meter von dir entfernt ist.
- Strecke deine Arme in Schulterhöhe waagerecht nach vorn. Die Finger sind gestreckt.
- Gib in den Knien etwas nach und schließe die Augen.
- Bleibe dreißig bis vierzig Sekunden in dieser Haltung stehen.
- Gib Unsicherheit, Schwindel oder gar Angst durch die Füße an den Boden ab.
- Öffne die Augen und atme kräftig aus.
- Wiederhole diese Übung mit dem Zusatz, dass du jetzt auf der Stelle marschierst, das heißt, abwechselnd das rechte und das linke Bein anhebst.
- Erweitere die Übung: Gehe mit ausgestreckten Armen und geschlossenen Augen geradlinig durch den Raum. Setze dabei einen Fuß genau vor den anderen („Gänseschritt").
- Öffne die Augen, lasse die Arme sinken und atme entspannt aus.

Wirkung

Die gleichgewichtserhaltenden Stationen deines Körpers stabilisieren sich und arbeiten besser zusammen. Die wichtigsten Informationen an das Gehirn kommen von den Gleichgewichtsorganen der Innenohren und der Augen.
Diese Gleichgewichts- und Koordinationsübung dient der Überbrückung bzw. dem Ausgleich von Defiziten in diesen Bereichen. Dein Standort festigt sich, Schwindel nimmt ab, und auch im Gehen verlierst du nicht den sicheren Kontakt zum Boden.

Religiöser Bezug

„Als die Jünger Jesus über den See kommen sahen, erschraken sie. Er sagte: Habt Vertrauen, ich bin es; fürchtet euch nicht! Da stieg Petrus aus dem Boot und ging über das Wasser auf Jesus zu. Er bekam Angst und begann unterzugehen. Jesus streckte sofort die Hand aus und ergriff ihn."
(Matthäus 14,26a.27.29.30b.31a)

2 Nutze die Anziehungskraft

Übung

- Setze dich bequem. Wähle jedoch eine Sitzgelegenheit, bei der dein Becken deutlich höher ist als deine Knie.

- Schließe die Augen. Stelle dir vor, von deiner Leibmitte ginge ein Lot oder Senkblei geradlinig zur Erde, durch die Erde hindurch zum Erdmittelpunkt.

- Atme aus und lass dich in diese anziehende Bewegung hineinfallen. Erlebe bewusst die tragende Wirkung der Schwerkraft.

- Beende nach zwei bis drei Minuten die Übung und öffne wieder die Augen.

Wirkung

In Ruhe, im Ausatmen und Loslassen aller Anspannung spürst du die Schwerkraft, die vertikale Ausrichtung und Anziehung. Ist dein Körper im Gleichgewicht, wirst du von dieser Kraft getragen. Bist du jedoch angespannt und unausgeglichen, belastet dich die Schwerkraft der Erde, die immer in der Vertikalen zieht.

Diese Kraft gibt dir Halt und Spannkraft, wenn du dich auf die Vertikale ausrichtest. Das Energiefeld deines Körpers wird mit dem vertikalen Zug der Schwerkraft in Einklang gebracht, damit du dich anstrengungslos aufrecht halten kannst.
In dieser Aufrechten fällt es dir leicht, aufrichtig zu sein und dich im Gebet auf Gott auszurichten.

Religiöser Bezug

„Und ich", sagt Jesus in seiner letzten öffentlichen Rede, „wenn ich über die Erde erhöht bin, werde ich alle zu mir ziehen." *(Johannes 12,32)*

„Zieht den neuen Menschen an, der nach dem Bild Gottes geschaffen ist in wahrer Gerechtigkeit und Heiligkeit."
(Epheserbrief 4,24)

„Er zog die Gerechtigkeit an wie einen Panzer."
(Jesaja 59,17a)

„Ziehet aufrichtiges Erbarmen an, Güte, Demut, Milde, Geduld!" *(Kolosserbrief 3,12)*

3 Gehe aus dir heraus

Übung

Du erhöhst die Wirkung dieser Übung, wenn du dich in den Atem- und Bewegungsrhythmus einfügst und so dem Lauf der Natur folgst.

- Gib im Stand etwas in den Knien nach. Führe deine Hände vor der Brust zusammen. Die Handflächen berühren sich, die Finger zeigen nach oben.
- Strecke im Einatmen deine Arme hoch über den Kopf.
- Breite während des langen Ausatmens deine Arme seitlich aus - die Handflächen zeigen nach oben.
- Drehe, auf Schulterhöhe angelangt, deine Hände so, dass die Handrücken nach oben zeigen.
- Stelle dich gleichzeitig während desselben Ausatemzuges kurz auf deine Zehen, dann wieder auf deine Fußsohlen und gebe den letzten Ausatem auf die Silbe „SU" hörbar ab. Die Arme sinken nach unten.
- Führe deine Hände nun erneut zur Wiederholung der Übung zusammen und sorge für eine flüssige Abfolge von Bewegungen.
- Nimm in der Bewegung deinen Spielraum wahr und genieße die Leichtigkeit der Übung.

Wirkung

Durch den gleichmäßig schwingenden Atem- und Bewegungsrhythmus schwindet alle gedankliche Unordnung und das hochaktive Gehirn kommt zur Ruhe. Die Übung möchte dazu beitragen, die zerrissene Einheit von Leib und Seele in ihrer ursprünglichen Harmonie wiederzugewinnen. Du erfährst Freude an der Entfaltung deiner Bewegungsmöglichkeiten und an deiner schöpferischen Selbstverwirklichung.

Religiöser Bezug

„Da erhob er (Judas) seine Hände zum Himmel und rief zum Herrn, der Wunder vollbringt. Denn er wusste, dass es nicht auf die Waffen ankommt, sondern dass denen der Sieg zufällt, die Gott für würdig erachtet." *(2 Makkabäer 15,21b)*

„Zu dir, Herr, erhebe ich meine Seele." *(Psalm 25,1)*

„Der Herr wird dir den Himmel auftun; er segnet jede Arbeit deiner Hände." *(Deuteronomium 28,12a)*

4 Atme Ruhe

Übung

Im Liegen kannst du dich für diese Übung am besten entspannen.

- Lege dich auf den Rücken. Die Arme liegen am Körper, die Handinnenflächen sind nach unten gerichtet.
- Spüre von den Füßen aufwärts, an welchen Stellen dein Körper die Unterlage oder den Boden berührt: die Fersen, die Waden, das Gesäß, der Rücken, der Schultergürtel, die Arme und Hände, der Hinterkopf.
- Nimm - wiederum mit den Füßen beginnend - Kontakt zum Boden auf und nimm bewusst wahr, dass die Erde dich trägt.
- Schließe die Augen und führe den Einatem tiefer in dich hinein. Spüre, wie beim Ausatmen die Bauchdecke sich senkt und sich beim Einatmen hebt.
- Sprich beim Einatmen die Silbe „Ru -‚‘ und beim Ausatmen die Silbe „- he" laut aus.
- Wiederhole diesen Atemrhythmus einige Male und werde leiser, bis du das Wort „Ru-he" nicht mehr ausspricht, sondern nur noch das Wort mit dem Atem innerlich wiederholst.
- Wenn dir nach einigen Minuten schwindlig wird, beende sofort die Übung - sonst erst nach fünf bis acht Minuten.

Wirkung

Du lernst, dich vertrauend loszulassen, indem du Kontakt mit dem Boden aufnimmst, der dich trägt. Du gibst alle Anspannung an den Boden ab oder legst sie in den Ausatem. Das Wort „Ru-he" erinnert dich daran, dass du nichts leisten musst, sondern genießen darfst. Die Spannung in deinen Muskeln wie auch in deinem Nervensystem harmonisiert sich. Du machst die wichtige Erfahrung, im eigenen Grund zu ruhen und aus dem eigenen Grund heraus zu agieren.

Religiöser Bezug

„Nur in Umkehr und Ruhe liegt eure Rettung, nur Stille und Vertrauen verleihen euch Kraft." *(Jesaja 30,15)*

„Kommt alle zu mir, die ihr euch plagt und schwere Lasten zu tragen habt. Ich werde euch Ruhe verschaffen." *(Matthäus 11,28)*

„Denn wer in das Land seiner Ruhe gekommen ist, der ruht auch selbst von seinen Werken aus, wie Gott von den seinigen." *(Hebräerbrief 4,10)*

5 Sorge dich nicht

Übung

- Lege dich auf den Rücken. Die Beine sind gestreckt, die Arme ruhen neben dem Körper, die Handflächen berühren den Boden.

- Hebe beim Einatmen dein rechtes Bein einige Zentimeter und gib es beim Ausatmen wieder an den Boden ab wie in den warmen Sand.

- Wiederhole das Anheben nun mit dem linken Bein. Führe die Bewegung so langsam aus, dass dein Bewusstsein ihr folgen kann.

- Hebe beim Einatmen den rechten Arm einige Zentimeter und lege ihn beim Ausatmen behutsam zurück. Wiederhole die Übung mit dem linken Arm.

- Hebe nun beim Einatmen deinen Kopf leicht an. Lege ihn beim Ausatmen behutsam zurück. Spüre die Auflagefläche. Entspanne die Gesichtsmuskulatur, glätte die Stirn, löse die Ober- und Unterkiefer und gib somit Verbissenheit ab.

- Mach beim Einatmen zwei kräftige Fäuste und spanne die Schultern mit an. Gib im Ausatmen die Anspannung ab und öffne die Fäuste wieder.

- Nimm in der Ruhephase wahr, was sich verändert hat.

Wirkung

Entspannen und Anspannen, Abgeben und Annehmen, Ausatmen und Einatmen schwingen zusammen. Du spürst – wenn du ganz gegenwärtig bist – die Einheit von Bewegung, Atmung und Aufmerksamkeit und nimmst wahr, wie sich neue Lebenskräfte entfalten. Du wirst staunen und dankbar Veränderungen an dir feststellen, die größer sind, wenn du dir häufig Sorgen um die Zukunft gemacht oder dich schuldig gefühlt hast für Fehler der Vergangenheit.

Religiöser Bezug

„Mehren sich die Sorgen des Herzens, so erquickt dein Trost meine Seele." *(Psalm 94,19)*

„Überlass dich nicht der Sorge, schade dir nicht selbst durch dein Grübeln." *(Jesus Sirach 30,21)*

„Werft alle Sorge auf ihn, denn er kümmert sich um euch." *(1. Petrusbrief 5,7)*

6 Lebe aus deiner Mitte

Übung

Diese Übung zeichnet das Andreas-Kreuz nach, das wie ein X auf der Erde steht.

- Stehe mit gespreizten Beinen. Spüre tief in dich hinein. Bekomme festen Halt.
- Hebe beide Arme gestreckt nach oben. Rechtes Bein und linker Arm bilden eine Gerade - ebenso das linke Bein und der rechte Arm.
- Nun stellst du die Figur eines X dar mit den beiden Diagonalen.
- Nimm mit den Fußsohlen Erdkräfte auf, führe sie bis in die ausgestreckten Hände und gib sie an den Raum ab.
- Gehe nun mit der Aufmerksamkeit in deine Mitte, in der sich die Linien kreuzen. Dieses mächtige Zentrum ist das Sonnengeflecht.
- Spüre in deine Mitte und empfinde, dass Leib und Seele eine Einheit bilden.
- Trage Hals und Kopf aufrecht. Nimm sie als Mittellinie wahr.
- Baue die Übung langsam wieder ab. Lasse die Arme sinken und führe die gespreizten Beine zusammen. Ruhe dich aus.

Wirkung

Die Übung ist zwar anstrengend, da du dich von der Mitte aus gleichzeitig nach unten und nach oben streckst. Sie ist jedoch von therapeutischer Wirkung. Eine Folge der Übung ist die Freisetzung der Leibmitte, die dich deine geistige Mitte erahnen lässt. Das Nervenzentrum des Sonnengeflechtes kann uneingeschränkt funktionieren. Der leib-seelische Organismus kommt zur größeren Entfaltung. Der Brustkorb, der nach oben gezogen wird, weitet sich; ebenso das Becken, das dem Zug nach unten folgt. Durch Befreiung erfährst du ein erhöhtes Lebensgefühl.

Religiöser Bezug

Dieses Schrägkreuz (X), das Grenzkreuz der Römer, hat seinen Namen vom Apostel Andreas, der an einem solchen Grenzkreuz das Martyrium erlitten hat.

„Wenn du das Joch entfernst aus deiner Mitte, dann geht im Dunkel dein Licht auf, und deine Finsternis wird hell wie der Mittag." *(Jesaja 58,9b.10b)*

„Das Reich Gottes ist in eurer Mitte." *(Lukas 17,21)*

7 Ziehe Kraft aus der Stille

Übung

Versuche, dich mindestens einmal wöchentlich für einige Stunden zurückzuziehen.

- Unterbreche bewusst die Routine des Alltags.

- Wähle einen Ort, an dem du dich wohlfühlst (zu Hause, in freier Natur, in einem Kloster).

- Meide in deiner Zurückgezogenheit Begegnungen mit Menschen sowie neue Eindrücke jeglicher Art.

- Genieße die Natur, genieße die Stille – ohne dich in irgendeiner Weise anzustrengen.

- Lass deine Gefühle, Gedanken, Vorstellungen und Bilder zu, so wie sie von selbst kommen und von selbst wieder schwinden.

- Wenn du ihnen Ausdruck verleihen möchtest, zögere nicht, dies in der jeweils entsprechenden Form zu tun.

- Trage Sorge, dass die vielen Eindrücke nicht überhand nehmen und du sie beizeiten ausdrückst.

Wirkung

Jesus musste sich immer wieder dem Übervielen an Aufgaben und an Erwartungen der Menschen entziehen. Er ging an einsame Orte, um zu beten. Das Viele musste dem einen Notwendigen auch in seinem Leben weichen. Wir dürfen und müssen uns in der Begrenztheit unseres menschlichen Wesens immer wieder zurückziehen, um nicht leer zu werden. Es darf nicht sein, dass wir in einen Stress hineingeraten, der uns dem wahren Leben mehr und mehr entfremdet.
Schau auf das Verhalten Jesu, wenn du sehr angespannt bist und meinst, dieses oder jenes nicht lassen zu können. Dann wirst du Mut zum Fragment haben, denn alles kannst du nicht leisten. Um seelisch und körperlich gesund zu werden oder es zu bleiben, wirst du dich regelmäßig in die dir gemäße Stille zurückziehen, um die vielen Eindrücke zu verarbeiten und auszudrücken.

Religiöser Bezug

„Sie alle wollten ihn (Jesus) hören und von ihren Krankheiten geheilt werden. Doch er zog sich an einen einsamen Ort zurück, um zu beten." *(Lukas 5,15b-16)*

„In aller Frühe, als es noch dunkel war, stand Jesus auf und ging an einen einsamen Ort, um zu beten."
(Markus 1,35)

8 Stehe zu dir

Übung

- Stelle dich aufrecht und richte deinen Blick in die Weite.
- Fühle unter deinen Füßen den Boden und die Erde, die dich trägt.
- Stelle die Füße etwas weiter auseinander, um festen Stand zu bekommen.
- Nimm die Schwerkraft wahr, lote deinen Stand aus und gib in den Knien etwas nach.
- Erspüre über deine Wirbelsäule bis zum Kopf hin die Aufrechte.
- Lass in den Schultern los und gebe alle Anspannung im Ausatmen ab.
- Sei in voller Aufrichtigkeit ganz bei der Übung.
- Da alles immer in Bewegung ist, wirst du nach einigen Minuten erneut durch Ausloten deinen Standort suchen und finden.

Wirkung

Du hast einen Standpunkt, einen festen Grund, auf dem du zu dir stehen kannst. Selbständig – ohne dich festhalten zu müssen – stehst du auf der Erde und nimmst an ihren Bewegungen teil. Indem der Raum in dir weiter und dein Atmen tiefer wird, erfährst du Befreiung vom Überdruck äußerer und innerer Spannungen. Du gehst jetzt eine neue Verbindung ein mit dem, was du bist und förderst somit den Kontakt zu dir selbst und deine Standfestigkeit gegenüber anderen.
Wenn du durch diese Übung immer wieder deinen festen Standort auslotest, wird ungenutzte Energie mobilisiert, die du zum Erreichen deiner Ziele einsetzen kannst.

Religiöser Bezug

„Wenn ihr Standfestigkeit bewahrt, werdet ihr das Leben gewinnen." *(Lukas 21,19)*

„In allem erweisen wir uns als Gottes Diener: durch große Standfestigkeit, in Bedrängnis, in Not, in Angst."
(2. Korintherbrief 6,4)

# 9 Beruhige dich wieder

Übung

Bei dieser Übung stelle dir ein trotziges Kind vor, welches mit seinen Beinen auf den Boden stampft, da es seinen Willen nicht durchsetzen kann.

- Stelle dich bequem und locker und gib etwas in den Knien nach.

- Stampfe nun in dieser Stellung mit dem vorderen Teil des rechten Fußes zehn bis zwölf Mal kräftig auf den Boden.

- Achte darauf, den Stoß mit dem Knie abzufangen, damit der Stoß nicht bis zur Wirbelsäule weitergeleitet wird.

- Stelle dich wieder auf beide Füße und spüre, was die Übung in dir bewirkt hat.

- Wiederhole nach einer kurzen Atempause das In-den-Boden-Stampfen mit dem vorderen Teil des linken Fußes.

Wirkung

Nicht ausgedrückte Gefühle und mangelnde Bewegung können chronische und akute körperliche Verspannungen hervorrufen. Die Übung fordert dich heraus, latente Aggressionen auf spielerische und harmlose Weise auszudrücken, ohne andere Menschen darunter leiden zu lassen. Du befreist dich von Blockaden, die dich hindern, so zu leben, wie du es eigentlich möchtest und kannst.

Religiöser Bezug

„So spricht Gott, der Herr: Schlagt die Hände zusammen, stampft mit dem Fuß auf den Boden." *(Ezechiel 6,11a)*

„Nimm die Pfeile! Als der König von Israel sie genommen hatte, befahl ihm Elischa, auf den Boden zu schlagen. Der König tat drei Schläge und hielt dann inne."
(2 Könige 13,18)

„Ein Tor, wer seinen Ärger auf der Stelle zeigt."
(Sprichwörter 12,16)

„Mir dreht sich das Herz im Leibe, weil ich so trotzig war."
(Klagelieder 1,20)

10   Finde Zugang zu dir selbst

Übung

In dieser Kontaktübung erlebst du Berührung, die dich zu dir selbst führt und sich zur Kommunikation erweitert.

- Führe die Hände zusammen und lege sie gegeneinander, so dass sich die beiden Handflächen in Höhe deiner Brust berühren.

- Gehe ganz mit deiner Aufmerksamkeit in die Hände. Spüre die Wärme und lasse sie frei von einer Hand zur anderen fließen.

- Genieße den Wärmestrom, der gleichzeitig in beide Richtungen geht.

- Je mehr du in dieser Übung gegenwärtig bist, umso wärmer werden deine Hände. Du hast das Gefühl, sie fließen zusammen.

- Du wirst kaum mehr die rechte Hand von der linken unterscheiden können. Es ist eine Verbindung entstanden, die du als Einheit erlebst.

- Bleibe einige Minuten in diesem geschlossenen Kreis, ehe du wieder die Hände löst.

Wirkung

Es ist wichtig, dass wir immer wieder zu uns selbst, zu anderen, zu unserer Umwelt wie auch zu der Materie, mit der wir in Berührung stehen, bewusst Kontakt aufnehmen. Diese Übung ist ein erster Schritt, Kontaktstörungen zu überwinden. Spannungen werden gelöst und unterbrochene Energieströme wieder freigesetzt. Auch die Atmung wird stimuliert. Diese Übung im „geschlossenen Kreis" hilft dir außerdem, zur Ruhe und inneren Sammlung zu kommen.

Religiöser Bezug

„Herr, du erforschst mich und kennst mich. Von allen Seiten umgibst du mich und deine Hand hält mich. Überall wird deine Hand mich geleiten, wird mich tragen deine Rechte."
(Psalm 139,1.5.10)

„Lege ein wenig die Hände ineinander, um auszuruhen."
(Sprichwörter 6,10b)

Bewahre deine Gesundheit

11 Finde dein Gleichgewicht

Übung

- Setze dich und lass dich in den Schultern los.
- Richte dich vom Becken her auf und dehne die Wirbelsäule.
- Halte dich mit der linken Hand unter der Sitzfläche fest, um zu vermeiden, dass sich deine Schulter im Verlauf der Übung hebt.
- Neige den Kopf mit dem Blick nach vorn auf die rechte Seite und führe dabei das Ohr in Richtung Schulter.
- Unterstütze und verstärke diese Bewegung mit der rechten Hand. Lege sie über den Kopf bis knapp über das linke Ohr. Der Arm dient als zusätzliches Gewicht, um die Nackendehnung leicht zu verstärken.
- Die Schultern bleiben gerade.
- Intensiviere in der Ausatmungsphase den Zug nach rechts noch ein wenig. Spüre, wie du mit jedem Ausatmen tiefer in die Dehnung sinkst.
- Nimm wahr, wie du die linke Halsseite in die Länge ziehst.
- Lass den Arm sinken und führe beim Einatmen deinen Kopf zurück in die Ausgangsstellung.
- Führe diese Übung nun durch, indem du den Kopf zur linken Seite neigst.

Wirkung

Durch diese Übung werden die Muskeln im Hals- und oberen Rückenbereich gestärkt und Verspannungen gelöst. Halswirbelsäulen-Blockierungen sind oft Ursache von Schwindel und somit eines gestörten Gleichgewichtes. Die Nackendehnung hilft diese Blockaden zu entkrampfen.

Religiöser Bezug

„Wollte so ein Wanderer sein Auge dahin und dorthin schweifen lassen, dann könnte er leicht, wenn auch sein Fuß noch so festen Halt hat, in der Nähe des Abgrundes vom Schwindel erfasst werden, den sicheren Gebrauch des Sehvermögens verlieren und mit dem ganzen Körper in die Tiefe stürzen."
(Johannes Chrysostomus, Homilien zum 1. Thessalonicherbrief 9,4)

12 Überwinde deine Müdigkeit

Übung

Ein unbekannter Meister sagte zu seinen Schülern: „Dein Atem ist dein bester Freund. Kehre zu ihm zurück in allen deinen Schwierigkeiten, und du wirst Trost und Führung finden."

- Verschließe das rechte Nasenloch mit dem rechten Daumen.

- Atme langsam durch das linke Nasenloch alle verbrauchte Luft aus.

- Atme nun durch das linke Nasenloch geräuschlos ein und schließe es mit dem Mittel- und Ringfinger der rechten Hand.

- Öffne das rechte Nasenloch, um auszuatmen. Gib die Luft langsam und geräuschlos ab.

- Atme nun wieder in gleicher Weise durch das rechte Nasenloch ein. Verschließe es mit dem rechten Daumen und atme langsam durch das linke Nasenloch aus.

- Führe diese alternierende Nasenatmung fünf Minuten aus. Lass die Übung lange in dir nachklingen, bevor du dich wieder anderen Aufgaben zuwendest.

Wirkung

Diese Atmung hilft, die Nasengänge frei zu bekommen und Atembeschwerden zu lindern. Sie kräftigt Lungen und Herz, verbessert die Verdauung und reinigt das Nervensystem. Spannungen werden abgebaut; du überwindest Müdigkeit und kannst neue Kraft schöpfen. Nach dieser wirkungsvollen Atemübung wirst du dich sofort ausgeglichener, klarer und ruhiger fühlen. Viele leiten ihr Gebet oder ihre Meditation mit dieser alternierenden Nasenatmung ein, um schneller Abstand von der Aktivität zu bekommen und tiefere Ruhe zu finden.

Religiöser Bezug

„Darum lasst uns ernsthaft besorgt sein, dass keiner von euch zurückbleibt, solange die Verheißung, in das Land seiner Ruhe zu kommen, noch gilt." *(Hebräerbrief 4,1)*

„Der Herr antwortete: Mein Angesicht wird mitgehen, bis ich dir Ruhe verschafft habe." *(Exodus 33,14)*

„Gottes Geist hat mich erschaffen, der Atem des Allmächtigen mir das Leben gegeben." *(Ijob 33,4)*

13 Fühle dich wie neugeboren

Übung

- Setze oder lege dich bequem und schließe die Augen.
- Atme durch die Nase ein und durch den Mund wieder aus.
- Fühle den Schwerpunkt deines Körpers – eine Handbreit unter deinem Bauchnabel.
- Achte einen Augenblick auf die Kühle, wenn du einatmest, und auf die Wärme, wenn du ausatmest.
- Spüre in deinen Körper hinein und gehe mit deinem Bewusstsein in eine Zone deines Körpers, die sich müde anfühlt oder gar schmerzt.
- Nutze deine Vorstellungskraft als Heilmittel. Stelle dir vor, du führst beim Ausatmen die Luft in diese Körperzone, so dass sich die Blutgefäße erweitern und das Blut besser zirkuliert.
- Beende die Übung, wenn die Körperzone sich angenehm warm anfühlt.
- Ruhe dich ein wenig aus und atme tief und gleichmäßig weiter.

Wirkung

Du verbindest in dieser Übung den Vorgang des Atmens mit deiner Vorstellungskraft, um Verspannungen oder gar Schmerz aufzulösen und Energiereserven zu mobilisieren. Jedes Einatmen ist ein Empfangen - jedes Ausatmen ein Geben, ein Loslassen. Die Art deines Atmens richtet sich genau danach wie du dich fühlst. Durch die Art deines Atmens kannst du umgekehrt auch deine Gefühle beeinflussen. Indem du den Ausatem in bestimmte Bereiche deines Körpers lenkst, fühlst du dich wie „neugeboren" und voller Energie.

Religiöser Bezug

„So spricht Gott, der Herr, der den Menschen auf der Erde den Atem verleiht und allen, die auf ihr leben, den Geist."
(Jesaja 42,5b)

„Beide haben ein und denselben Atem. Einen Vorteil des Menschen gegenüber dem Tier gibt es da nicht."
(Kohelet 3,19b)

„Solange noch Leben und Atem in dir sind, mach dich von niemand abhängig." *(Jesus Sirach 33,21a)*

14 Schöpfe Kraft durch deinen Atem

Übung

Viele Menschen atmen nur im oberen Brustbereich, da die Tiefenatmung blockiert ist. Diese Übung aktiviert das Zwerchfell und hilft, dass es voll leistungsfähig wird. Strenge dich nicht an, überschreite dein Maß nicht und höre beim geringsten Unwohlsein sofort auf.

- Lege dich auf den Rücken, eine Hand auf den Bauchnabel und die andere auf die Brust.

- Stelle dir vor, ein duftender Strauß Blumen stünde vor dir. Versuche den Duft in kurzen, sich schnell wiederholenden Atemzügen einzuschnüffeln.

- Die Hand auf der Brust bleibt – bei richtiger Zwerchfellatmung – vollkommen ruhig, während deine andere Hand die schnelle Auf- und Abbewegung des Zwerchfells mitvollzieht.

- Wiederhole diese Übung – eventuell auch im Stehen – täglich mehrere Male, bis sich die Zwerchfell-Atmung von selbst einstellt und du nicht mehr nur mit der „Brust" atmest.

Wirkung

Die gesunde Zwerchfell-Atmung öffnet dir den Zugang zu inneren Kräften, da sie die natürliche Art der Atmung ist. Durch häufiges Üben gewöhnst du dein Zwerchfell daran, kontinuierlich zu atmen und es zur vollen Leistung zu bringen. Die schnellen und intensiven Stöße auf das Zwerchfell bewirken, dass dein Gehirn sehr viel mehr Sauerstoff erhält. Dadurch schwindet Müdigkeit und oft auch Migräne. Ängste sowie unangenehme Gefühle fallen allmählich von dir ab. Du fühlst dich geborgener und erlebst innere Harmonie.

Religiöser Bezug

„Er gibt dem Müden Kraft, dem Kraftlosen verleiht er große Stärke." *(Jesaja 40,29)*

„Auf dem langen Weg bist du müde geworden, aber du hast nie gesagt: Es ist umsonst! Immer wieder hast du neue Kraft gefunden, darum bist du nicht schwach geworden." *(Jesaja 57,10)*

„Du hast mich erhört an dem Tag, als ich rief; du gabst meiner Seele große Kraft." *(Psalm 138,3)*

15 Willst du gesund werden?

Übung

- Wähle einen harten Stuhl. Die Hände liegen flach auf den Oberschenkeln.
- Spüre den Schwerpunkt deines Körpers im Becken und im Gesäß.
- Lass dein Gewicht auf der Sitzfläche des Stuhles ruhen, so dass dein Rückgrat sich ohne Spannung aufrichten kann.
- Fühle die Form deines Beckens wie eine große geöffnete Schale.
- Hast du dich in den Beckenraum eingefühlt und deinen Körperschwerpunkt gefunden, gleite über das Steiß- und Kreuzbein die Wirbelsäule aufwärts.
- Schmiege dich deiner Wirbelsäule an und versuche jeden einzelnen Wirbel zu erspüren. Stelle dir dieses Aufsteigen als Fließen des Lebensstromes vor.
- Schalte jedes schnelle Vorgehen wie auch deinen aktiven Willen aus. Nicht, was du denkst, sondern was du hier empfindest, ist von Bedeutung.
- Wie du hinhorchend und dich einfühlend die Wirbelsäule hinaufgestiegen bist, so steige langsam wieder bis zum Becken hinunter und lasse den Lebensstrom dorthin zurückfließen.
- Führe ihn von dort in die Beine und leite ihn durch deine Füße in die Erde ab.
- Wiederhole diese Übung bis zu zehn Mal.

Wirkung

Du sensibilisierst deine Wirbelsäule und damit die Nerven, die aus der Wirbelsäule heraustreten. Die durch dich im Körper bewegte Kraft muss unbedingt nach außen abgegeben werden. Bei dieser Übung können sich Wärme- oder Kälteempfindungen einstellen, die Ausdruck von biologischen oder psychischen Vorgängen sind: Zeichen, dass sich ein besserer Gesundheitszustand anbahnt.

Religiöser Bezug

„Dein Schoß ist ein rundes Becken. Dein Hals ist ein Turm aus Elfenbein. Wie eine Palme ist dein Wuchs." *(Hohelied 7,3.5.8)*

„Halte dich nicht selbst für weise, fürchte den Herrn, und fliehe das Böse! Das ist heilsam für deine Gesundheit und erfrischt deine Glieder." *(Sprichwörter 3,7–8)*

„Als Jesus ihn dort liegen sah und erkannte, dass er schon lange krank war, fragte er ihn: Willst du gesund werden?" *(Johannes 5,6)*

16 Wirf ab, was dich krank macht

Übung

- Stehe fest auf der Erde, werde im Beckenraum weit und gehe in die Aufrechte.
- Richte deinen Kopf geradeaus und atme bis zum Beckenboden.
- Gib in den Schultern nach und gehe mit deiner Aufmerksamkeit in Arme und Hände.
- Hebe deine Hände in Brusthöhe. Führe mit Armen und Händen wiederholt von dort aus kräftige Bewegungen nach unten aus – so, als ob du Wasser von deiner Haut abschütteln wolltest.
- Lass los in den Oberarmen, in den Ellenbogen, in den Unterarmen und den Händen. Bedenke: Loslassen bedeutet nicht „sich gehen lassen".
- Verkrampfe nicht in den Schultern – schüttle Oberarme und Hände nur aus.
- Wenn du das Gefühl hast, aufhören zu müssen, versuche trotzdem weiterzumachen. Sich öffnen tut oft weh, da man so lange verschlossen war.

Wirkung

Dein Durchhaltevermögen wird gestärkt, wenn du bei dieser Übung nicht so schnell aufgibst. Du nimmst deine Spannung zwischen Erde und Himmel wahr, aus der heraus du agierst. Im wahrsten und übertragenen Sinne schüttelst du das aus, was nicht zu dir gehört und dich unter Umständen krank macht. Unterschätze bei der ersten Begegnung mit dieser Übung nicht ihre Wirksamkeit: Vieles Ungute löst sich in dir, und du erfährst eine bessere Erdung.

Religiöser Bezug

„Wie sprossende Blätter am grünen Baum – das eine fällt ab, das andere wächst nach." *(Jesus Sirach 14,18a)*

„Schüttle den Staub von dir ab, steh auf, du gefangenes Jerusalem! Löse die Fesseln von deinem Hals." *(Jesaja 52,2)*

„Plötzlich trat ein Engel des Herrn ein, und ein helles Licht strahlte in den Raum. Er stieß Petrus in die Seite, weckte ihn und sagte: Schnell, steh auf! Da fielen die Ketten von seinen Händen." *(Apostelgeschichte 12,7)*

17 Entlaste dein Geschlechtszentrum

Übung

- Atme – während du sitzt – bewusst und damit tiefer aus.
- Lege all deine Anspannung in das Ausatmen hinein und gebe sie somit ab.
- Stelle dir beim Einatmen vor, du atmest durch dein Geschlechtszentrum ein.
- Führe dann in deiner Vorstellung langsam den eingeatmeten Luftstrom deine Wirbelsäule hinauf bis in den Kopf.
- Atme jetzt durch die Mitte deiner Stirn aus, durch das so genannte dritte Auge.
- Wiederhole diese bewusst geführte Atmung vier bis fünf Minuten lang.

Wirkung

Du bejahst nach dieser Übung vielleicht noch grundlegender als bisher die dir eigene Geschlechtskraft. Diese Atemführung entlastet die im Beckenraum ruhende Lebenskraft und lässt dich nicht unter unerfüllbaren Wünschen leiden. Du fühlst dich freier und leichter und bist froh, diese Lebenskräfte besitzen und steuern zu können. Sie beherrschen dich nicht - weder dein Fühlen, Denken noch dein Wollen. Du bist in allem ruhiger und friedvoller, ohne die Geschlechtskraft zu verlieren oder sie zu sublimieren.

Religiöser Bezug

„Alle anderen Sünden treten von außen her an uns heran, und was von außen kommt, ist leicht abzuwehren. Nur die Geschlechtslust, die Gott um der Erzeugung der Nachkommenschaft willen in uns hineingelegt hat, kann, falls sie die ihr gesetzten Grenzen überschreitet, zur Last werden und drängt, durch die natürliche Veranlagung begünstigt, zum unerlaubten Verkehr. Darum gehört viel Tugend und Sorgfalt dazu, die Geschlechtskraft in rechte Bahnen zu lenken." *(Hieronymus: Brief an Furia 54,9)*

„Lasst euch vom Geist leiten, dann werdet ihr das Begehren des Fleisches nicht erfüllen." *(Galaterbrief 5,16)*

„Zu ihnen (den Ungehorsamen) gehörten auch wir alle einmal, als wir noch von den Begierden unseres Fleisches beherrscht wurden." *(Epheserbrief 2,3)*

18 Erfrische dich

Übung

- Gehe mit dem Daumen und dem Zeigefinger deiner rechten Hand zu deinem rechten Ohr und nimm das Ohrläppchen fest in den Griff. Der Daumen berührt die Innenseite, der Zeigefinger die Außenseite deines Ohres.

- Massiere kräftig mit beiden Fingern den äußeren Rand deines Ohres. Gehe mit festem Druck vom Ohrläppchen dein Ohr hinauf - über die Rundung, bis du beim Kopf angelangt bist.

- Wiederhole diese Druck-Massage zwei bis drei Mal.

- Wende dich jetzt mit deiner linken Hand deinem linken Ohr zu und führe die Massage in gleicher Weise aus.

- Wiederhole diese Druck-Massage auch auf der linken Seite zwei bis drei Mal.

- Spüre die wohlige Wärme, die sich in deinem Körper entfaltet, genieße sie und mache dich nach überwundener Müdigkeit auf „zu neuen Taten".

Wirkung

Diese Übung hilft dir, Müdigkeit und Konzentrationsschwäche zu überwinden. Die natürliche Selbstheilkraft des Körpers wird angeregt, ebenso der Blutkreislauf und somit die Lebensenergie. Stressbedingte Beschwerden, die sich körperlich oder emotional bemerkbar machen, werden durch die Akupressur angegangen. Du stimulierst eine große Zahl von Energiepunkten in deinem Ohr. Es sind Stellen, die auf bioelektrische Impulse im Körper besonders gut reagieren und diese Impulse rasch weiterleiten. Diese heilende Akupressur kannst du gefahrlos an dir selbst praktizieren.

Religiöser Bezug

„Gott, der Herr, gab mir die Zunge eines Jüngers, damit ich verstehe, die Müden zu stärken durch ein aufmunterndes Wort. Jeden Morgen weckt er mein Ohr, damit ich auf ihn höre wie ein Jünger." *(Jesaja 50,4)*

„Sieh, die Ohren meines Herzens sind vor dir, Herr. Öffne sie und sprich zu meiner Seele: Ich bin dein Heil!" *(Augustinus, Bekenntnisse I, 1.5)*

„Er gibt dem Müden Kraft, dem Kraftlosen verleiht er große Stärke." *(Jesaja 40,29)*

19 Bewahre einen kühlen Kopf

Übung

Weißt du vor Arbeit nicht mehr, wo dir der Kopf steht, oder wenn du durch ein Ereignis ganz benommen bist, wird dir folgende einfache Übung guttun.

- Lege die rechte Hand auf deine Stirn, so dass die Handinnenfläche beide Stirnhöcker berührt.

- Die linke Hand lege an deinen Hinterkopf, so dass die Handinnenfläche den Hinter-Hauptknochen umschließt.

- Atme durch die Nase ein und durch den Mund aus. Führe dabei den Einatemstrom tiefer in dich hinein - in deiner Vorstellung bis zum Beckenboden.

- Wenn du es als angenehm empfindest, schließe die Augen.

- Bleibe bis zu fünf Minuten in dieser Stellung. Empfindest du bereits vorher etwas mehr Ruhe und Ausgeglichenheit, beende dann die Übung.

Wirkung

Du schließt den Energiekreis mit deinen Händen, wobei der Kopf das Bindeglied darstellt. Dein Kopf wird nicht nur äußerlich gestützt, sondern im weitesten Sinn auch entlastet. Diese Übung ist besonders wirksam bei Überanstrengung und dem damit in Verbindung stehenden Bluthochdruck. Überspannungen und Reizbarkeit werden abgebaut, so dass du einen „kühlen Kopf" bekommst. Oft lindert diese Art des Kopfhaltens auch den Kopfschmerz.

Religiöser Bezug

„Druck auf die Milch erzeugt Butter, Druck auf die Nase erzeugt Blut, Druck auf den Zorn erzeugt Streit." *(Sprichwörter 30,33)*

„Einem Jähzornigen biete nicht die Stirn, und reite mit ihm nicht durch die Wüste!" *(Jesus Sirach 8,16)*

„Wie kühlender Schnee an einem Sommertag ist ein verlässlicher Bote." *(Sprichwörter 25,13)*

# 20 Belebe deinen Kreislauf durch die Kraft des Wassers

Übung

Denke darüber nach, dass Wasser ein äußerst wichtiges Lebens-Mittel ist und frage dich, wie du damit umgehst.

- Neben dem Waschen und Duschen ist es ratsam, von Zeit zu Zeit ein Vollbad zu nehmen, um dich tiefer zu entspannen und die angespannten Muskeln zu lockern.

- Nimm ein Fußbad oder tauche beide Unterarme in kaltes Wasser. Du wirst die Neubelebung deiner Kräfte und das erfrischende Wohlsein wahrnehmen.

- Denke vor allem daran, deinem Körper täglich genügend Wasser zuzuführen.

- Bei einem Körpergewicht von fünfzig Kilogramm solltest du mindestens einen Liter Wasser pro Tag trinken – eher über den Durst hinaus als zu wenig.

- Solltest du generell zu wenig trinken, überliste dich, indem du dir eine Wasserflasche und ein Glas an deinen Arbeitsplatz stellst. Du wirst ganz von selbst zum Glas greifen.

Wirkung

Der menschliche Körper besteht zu zwei Dritteln aus Wasser. Verspannungen und Stress erschöpfen ihn und hinterlassen Zellen mit zu wenig Wasser. Daher ist es zum schnellen Regenerieren notwendig, deinem Körper genügend Wasser zuzuführen. Dieses wird für die Verdauung und für die bessere Befeuchtung der Schleimhäute gebraucht. Wasser ist ein wichtiges „Lösungsmittel" und dient dazu, Nieren und Harnwege durchzuspülen. Durch viel Trinken wird der Kreislauf aufgefüllt. Es entsteht eine bessere Innenspannung aller Körperzellen. Du bemerkst dies an der Straffung deiner Gesichtshaut.

Religiöser Bezug

„Trink Wasser aus deiner eigenen Zisterne, Wasser, das aus deinem Brunnen quillt." *(Sprichwörter 5,15)*

„Trinkt er kein Wasser, so wird er ermatten."
(Jesaja 44,12b)

„Wer durstig ist, den werde ich umsonst aus der Quelle trinken lassen, aus der das Wasser des Lebens strömt."
(Offenbarung 21,6b)

„Das Wichtigste zum Leben sind Brot und Wasser."
(Jesus Sirach 29,21)

21 Danke deinem Körper

Übung

Du sprichst die Gliedmaßen bzw. Organe des Körpers an, die du zweifach besitzt.

- Setze oder lege dich bequem und schließe die Augen. Nimm deinen gesamten Körper wahr – von den Füßen bis zum Kopf.

- Gehe mit der Aufmerksamkeit in deine beiden Lippen – sei in ihnen präsent. Spüre deine beiden Nasenlöcher, durch die du ein- und ausatmest.

- Nimm deine beiden Augäpfel wahr und erlebe sie als Rund in ihren Höhlen. Gehe zu deinen beiden Ohren – vom Außenohr zum Innenohr.

- Führe die Aufmerksamkeit zu deinem Hals. Fühle Speise- und Luftröhre. Gehe tiefer in deinen Körper. Sei gegenwärtig in deinen beiden Lungenflügeln.

- Stelle dir die beiden Herzkammern vor. Erspüre von dort deine beiden Nieren.

- Spüre die beiden Ovarien oder Testikel und gehe weiter in deine beiden Beine.

- Sei als Letztes in deinen beiden Armen präsent, und nimm dann noch einmal die Gestalt deines gesamten Körpers wahr.

- Öffne die Augen, atme etwas tiefer und reibe deine Hände, so als ob du sie waschen wolltest.

Wirkung

Fast alle lebenswichtigen Organe wie auch die Gliedmaßen sind im oder am Körper doppelt vertreten. Du sprichst sie in dieser sehr wirksamen und wichtigen Übung liebevoll an und verweilst einige Augenblicke in ihnen. Indem du deine Aufmerksamkeit in diese Körperbereiche lenkst und sie dir bewusst machst, bekommen die angesprochenen Organe wichtige Impulse, Zuwendung und vielleicht auch deine Dankbarkeit.

Religiöser Bezug

„Wenn dein ganzer Körper von Licht erfüllt ist und nichts Finsteres in ihm ist, dann wird er so hell sein, wie wenn die Lampe dich mit ihrem Schein beleuchtet." *(Lukas 11,36)*

„Der Herr wacht über den Atem des Menschen, er durchforscht alle Kammern des Leibes." *(Sprichwörter 20,27)*

„Ein gelassenes Herz bedeutet Leben für den Leib." *(Sprichwörter 14,30a)*

Intensiviere deine Wahrnehmung

22 Sieh Frieden inmitten von Schwierigkeiten

Übung

- Spüre den Atem in dir, sein Gehen und Kommen wie Ebbe und Flut.
- Empfinde die Luft, wie sie durch deine Nasenlöcher ein- und ausströmt.
- Nimm die Bewegung und Berührung mit der Luft bewusst wahr.
- Spüre, welcher Bereich der Nasenhöhle durch die Luft beim Einatmen und welcher Bereich beim Ausatmen berührt wird.
- Werde dir der Kühle der Luft bewusst, wenn sie einströmt und der Wärme, wenn sie ausströmt.
- Sei ganz in deinem Atem gegenwärtig. Versuche nicht, ihn zu vertiefen, denn du machst keine Atemübung, sondern eine Wahrnehmungsübung. Empfinde die ein- und ausgeatmete Luft.
- Vielleicht wirst du bemerken, dass ein Nasenloch durchlässiger ist als das andere und es nach einigen Minuten genau umgekehrt ist.
- Die Dauer dieser Übung sollte nicht länger als zehn Minuten betragen.

Wirkung

Diese sehr einfache Wahrnehmungsübung hat eine große Wirkung. Sie schärft nicht nur die Fähigkeit zur Wahrnehmung, sondern bewirkt auch Ruhe und Entspannung. Gerade die Menschen, die inneren Frieden inmitten von Schwierigkeiten suchen, sollten diese subtile Übung oft wiederholen. Übe jedoch nicht zu lange, da sonst Halluzinationen entstehen oder Unbewusstes sich zeigen könnte, das du dann nicht unter Kontrolle hast.

Religiöser Bezug

„Da hauchte ihm Gott, der Herr, Lebensodem in die Nase. So wurde der Mensch zu einem lebendigen Wesen."
(Genesis 2,7b)

„Solange noch Atem in mir ist und Gottes Hauch in meiner Nase, soll Unrecht nicht von meinen Lippen kommen, noch meine Zunge Falsches reden."
(Ijob 27,3–4)

23 Lass dich los

Übung

- Setze dich und erlebe – von den Füßen aufwärts – deinen gesamten Körper, so dass du dich in ihm spürst.

- Wenn es still um dich und in dir geworden ist, nimm wahr, wie es in dir atmet, wie die langsame und tiefe Bewegung des Zwerchfells kommt und geht.

- Im Wissen, nichts leisten zu müssen, kannst du bei jeder Ausatmung mehr und mehr deine Verspannungen loslassen.

- Beginne bei den Oberschenkeln und der Damm-Muskulatur. Halte nichts fest. Vertraue der Erde, die dich trägt.

- Lass nun alle Anspannung im Nacken- und im Schulterbereich los. Um das Abgeben zu erleichtern, kannst du dir anfangs sagen „ich lass mich los".

- Wenn du die Schultern fallen lässt, lass dich gleichzeitig in den Schultern los.

- Spüre das Loslassen als Sterben bestimmter Ich-Strukturen, die sich im Nacken festgesetzt haben und somit deine innere Entwicklung blockieren.

- Übe das Dich-Loslassen mehrmals am Tag. Selbst wenn die Übung nur einige Augenblicke dauert, hat sie große Wirkung.

Wirkung

Durch Abbau von Verspannungen erlebst du den gegenwärtigen Augenblick klarer und intensiver. Deine Wahrnehmung nimmt zu, und du kannst dich schneller und eindeutiger entscheiden. Du lernst, all das in den Ausatem zu legen und damit abzugeben, was nicht zu dir gehört und dich in deiner Entwicklung hemmt. Enge Grenzen deines Sicherheitssystems, in dem du dich eingerichtet hast, weiten sich.

Religiöser Bezug

„Der Herr sprach zu Abram: Zieh weg aus deinem Land, von deiner Verwandtschaft und aus deinem Vaterhaus in das Land, das ich dir zeigen werde." *(Genesis 12,1)*

„Du musst deine Hand loslassen von dem Erbe."
(Jeremia 17,4a)

„Mache dich los von den Banden deines Halses."
(Jesaja 52,2b)

24 Erweitere deinen Blickwinkel

Übung

Du kannst diese Übung im Sitzen, Liegen oder Stehen vollziehen.

- Schließe die Augen und bewege unter den geschlossenen Lidern die Augäpfel so weit nach rechts und dann so weit nach links wie es eben geht. Wiederhole dieses zehn Mal und bewege dabei den Kopf nicht.

- „Schaue" im Wechsel zuerst zur Nasenspitze, dann zur Stirn. Verziehe dabei nicht die Gesichtsmuskulatur, sondern bewege nur die Augäpfel.

- Kombiniere beide Bewegungen zu großen Kreisen, die du zuerst zehn Mal im Uhrzeigersinn beschreibst, und dann in der Gegenrichtung. Halte die Augenlider weiterhin geschlossen.

- Ziehe mit deinen Augen eine liegende Acht nach - das Zeichen für Unendlichkeit. In der Höhe der Nasenwurzel befindet sich der Schnittpunkt.

- Wiederhole auch diese Übung zehn Mal und öffne dann langsam wieder deine Augenlider.

Wirkung

Deine Augenmuskulatur wird gestärkt und die Augen selbst werden beweglicher, so dass du schneller und umfangreicher wahrnehmen kannst. Während du geradeaus schaust, bekommst du wie von selbst mit, was rechts und links neben dir geschieht. Sowohl bei Kurzsichtigkeit als auch bei Weitsichtigkeit - die Augäpfel sind durch eine andauernde Verkrampfung der äußeren Augenmuskeln verformt - erfährst du durch diese Übung eine wesentliche Verbesserung deiner Sehkraft und einen erweiterten Blickwinkel.

Religiöser Bezug

„Das Auge gibt dem Körper Licht. Wenn dein Auge gesund ist, dann wird dein ganzer Körper hell sein. Wenn aber dein Auge krank ist, dann wird dein ganzer Körper finster sein." *(Matthäus 6,22–23a)*

„Selig sind eure Augen, weil sie sehen." *(Matthäus 13,16)*

„Morgen werdet ihr die Herrlichkeit des Herrn schauen." *(Exodus 16,7a)*

25 Nimm wahr, was dich umgibt

Übung

Nimmst du Geräusche mit vollem Bewusstsein wahr und nimmst sie an, werden sie auf dich eine andere Wirkung haben, als wenn du dich gegen sie sträubst oder versuchst dich gegen sie abzuschirmen.

- Lege oder setze dich bequem und nimm dir Zeit, die Stellen deines Körpers wahrzunehmen, mit denen du Kontakt zu deiner Unterlage hast.
- Gehe mit deiner Aufmerksamkeit zu deinen Ohren und spüre sie.
- Schließe die Augen, damit du besser hören kannst.
- Achte für einige Minuten auf alle Geräusche deiner Umgebung. Bedenke: Selbst die Stille ist voll hörbarer Erlebnisse.
- Öffne die Augen und schreibe auf, was du gehört hast – jedes kleinste Geräusch.

Musst du etwas mitanhören, was dir längst bekannt ist, richte deine volle Aufmerksamkeit auf die sprechende Person und verhalte dich so, als ob du das Gesagte zum ersten Mal hören würdest.

Wirkung

Du kannst deine Umgebung nicht nur visuell erfassen, sondern auch wesentlich über die Geräusche. Öffnest du dich und nimmst Geräusche bewusster in dich auf, kannst du deine Umgebung weitaus differenzierter wahrnehmen. Der Einfluss einer akustischen Wahrnehmung auf deinen Körper erhält eine vielschichtigere Qualität. Selbst störende Geräusche, gegen die du dich früher gesträubt hast und die Verspannungen in dir hervorriefen, kannst du nun so verarbeiten, dass sie dir nicht schaden. Du wirst unangenehme Geräusche nicht mehr festhalten, sondern sie durch dich hindurchfließen lassen. So kannst du wie unbeteiligt mit ihnen leben.

Religiöser Bezug

„Ich stehe vor der Tür und klopfe an. Wer meine Stimme hört und die Tür öffnet, bei dem werde ich eintreten, und wir werden Mahl halten, ich mit ihm und er mit mir." *(Offenbarung 3,20)*

„Auf die Stimme des Herrn wollen wir hören, damit es uns wohl ergehe, wenn wir auf die Stimme des Herrn hören." *(Jeremia 42,6)*

26 Schärfe deine Sehkraft

Übung

Diese einfache Augenübung kannst du überall und oft anwenden.

- Führe deine beiden Handflächen zueinander und reibe die beiden Muskeln unterhalb deiner Daumen kräftig gegeneinander.

- Du spürst eine sich schnell entfaltende Wärme. Reibe die beiden Muskelpakete weiter, bis Hitze entsteht und fast Schmerz eintritt.

- Lege – schnell und ohne zu zögern – den erhitzten Muskel der linken Hand auf das geschlossene linke Auge und den der rechten Hand auf das rechte Auge. Die Daumen zeigen dabei nach links und rechts außen.

- Du nimmst einerseits wahr, dass die Muskeln, die man auch „Mäuse" nennt, die gleiche Form wie deine Augenhöhlen haben und andererseits, dass deine Augen die Wärme aus den Muskeln in Blitzesschnelle aufsaugen.

- Spüre das Rund deiner Augäpfel, die in den Augenhöhlen ruhen und sich durch deine Eigenwärme entspannen und sich mit neuer Sehkraft füllen.

Wirkung

Führst du dir aus dir selbst erzeugte Schwingungen zu, haben diese besonders heilende Wirkung. Deine Augen nehmen sofort die Eigenwärme der Handmuskeln auf. Da die Wärme von den Augäpfeln aufgesogen wird, erkalten die Handballen schneller als gewöhnlich. Die Augenmuskulatur kann sich durch die wohlige Wärme entspannen. Du erhältst neue Kraft für ein besseres und klareres Sehen.

Religiöser Bezug

„Herr, wir möchten, dass unsere Augen geöffnet werden.
Da hatte Jesus Mitleid mit ihnen und berührte ihre Augen.
Im gleichen Augenblick konnten sie wieder sehen."
(Matthäus 20,33–34)

„Da legte er ihm nochmals die Hände auf die Augen; nun sah der Mann deutlich. Er war geheilt und konnte alles genau sehen." *(Markus 8,25)*

„Freude für das Herz, Licht für die Augen, Heilung, Leben und Segen." *(Jesus Sirach 34,20)*

27 Verliere nichts aus den Augen

Übung

Diese Übung kann im Liegen, Sitzen oder Stehen ausgeführt werden.

- Schau auf einen Gegenstand, der ungefähr einen Meter von dir entfernt ist. Nimm nun – ohne den Kopf zu bewegen – ein anderes Ziel in den Blick.

- Blicke nun nach oben zu deiner Stirn, dann nach unten auf deine Nasenspitze. Schau mit offenen Augen, bei gleichbleibender Haltung des Kopfes, so weit nach rechts und so weit nach links, wie du es eben vermagst.

- Gehe in die Geradeaus-Stellung zurück und fixiere einen neuen Gegenstand.

- Strecke nun einen Arm aus und richte den Daumen senkrecht auf. Stelle deine Augen auf die Daumenspitze ein und führe deinen Arm nach rechts, nach links, nach oben und unten.

- Richte deinen Blick erneut auf einen Gegenstand, der etwa einen Meter von dir entfernt ist. Bewege deinen Kopf nach rechts und links, nach oben und unten, ohne dabei den Gegenstand aus den Augen zu verlieren.

Wirkung

Das Auge hat eine wichtige Bedeutung, da wir uns vorwiegend optisch im Raum orientieren. Vornehmlich kommen die Informationen an das Gehirn über die Gleichgewichtsorgane in den Ohren und über die Augen. Da der Mensch unverzichtbar auf Informationen von außen angewiesen ist, kommt den Augen und ihrer Wahrnehmungsfähigkeit besondere Bedeutung zu. Diese wirksamen Augen-Übungen dienen zur Stabilisierung deines Blickfeldes und geben dir mehr Stabilität bei Schwindel.

Religiöser Bezug

„Sein Blick reicht von einer Ewigkeit zur anderen."
(Jesus Sirach 39,20)

„Am Blick erkennt man den Menschen."
(Jesus Sirach 19,29a)

„Die ehrwürdigen Männer will ich preisen, die durch ihren Scharfblick Macht besaßen." *(Jesus Sirach 44,1a.4a)*

Stärke deine Persönlichkeit

28 Entfalte dich

Übung

- Stelle dich aufrecht und richte deinen Blick in die Ferne.
- Verwurzle dich im Boden und fühle deinen Aus- und Einatem-Rhythmus.
- Gib beim Einatmen etwas in den Knien nach.
- Nimm die Hände vor deinen Leib; die Handrücken berühren sich. Die Finger zeigen nach unten.
- Entfalte dich in einem langen Ausatemzug: Hebe die Hände bis in Kopfhöhe. Löse die Berührung der Handrücken. Führe deine Arme weit auseinander. Strecke sie und lasse sie sinken. Die Handrücken berühren sich wieder.
- Öffne dich beim Ausatmen erneut wie eine römische Fontäne.
- Wiederhole dieses sechs bis sieben Mal. Sorge für glatte Bewegungsabläufe.

Wirkung

Alle Übungen haben einen äußeren und einen inneren Sinn. Der Brustkorb wird ausgedehnt und du atmest tiefer aus und entsprechend tiefer ein. Du nimmst eine größere Menge Sauerstoff auf, so dass dein Blut schneller gereinigt wird. Ein Ziel dieser Übung besteht darin, den dir eigenen Rhythmus zu finden, um dich organisch richtig bewegen zu können und zur inneren Harmonie zu kommen. Da du in die Tiefe atmest und gleichzeitig über dich hinausgehst, wird das dein Wesen Verstellende abgebaut und das deinem eigentlichen Wesen Entsprechende aufgebaut.

Religiöser Bezug

„Mach den Raum deines Zeltes weit, spann deine Zelttücher aus, ohne zu sparen. Mach die Stricke lang und die Pflöcke fest! Denn nach rechts und links breitest du dich aus." *(Jesaja 54,2–3a)*

„Ich vergesse, was hinter mir liegt, und strecke mich nach dem aus, was vor mir ist." *(Philipperbrief 3,13b)*

„Ich breite die Hände aus zu dir; meine Seele dürstet nach dir wie lechzendes Land." *(Psalm 143,6)*

29 Setze dich aufrecht

Übung

- Wähle eine Sitzgelegenheit, bei der dein Becken höher ist als deine Knie, so dass du ungehindert in die Tiefenatmung gehen kannst.
- Setze dich langsam und mach es dir bequem.
- Wenn deine Beine und deine Hände ihre Lage gefunden haben, setze dich auch „innerlich", um den Platz, auf dem du sitzt, wirklich zu be-sitzen.
- Lege, soweit es dir möglich ist, deine Anspannung in die Ausatmung und gib sie somit ab.
- Begib dich langsam in die Aufrechte - so, als wolltest du mit dem Gesäß die Erde eindrücken und mit dem Kopf den Himmel berühren.
- Du kannst einige Minuten in dieser Haltung bleiben.
- Beende die Übung oder beginne in dieser Sitzhaltung mit deinem Gebet oder deiner Meditation.

Wirkung

Wie man sich setzt, so sitzt man. Dein Sitzen ist eine der wirkungsvollsten Haltungen. Es spiegelt deine Einstellung oder dein Selbstverständnis wider. Du identifizierst dich mit deiner Haltung, die du - für andere sichtbar - durch dein Sitzen offenbarst. Körperhaltung und Geisteshaltung sind voneinander abhängig.
Im rechten Sitzen erfährst du Ruhe für Körper, Geist und Seele. Gleichzeitig kannst du ohne körperliche Anspannung geistig aktiv sein. Die aufrechte Haltung drückt geistig-seelische Wachheit und dein Selbstbewusstsein aus. Sie wird daher auch als „königliche Haltung" bezeichnet.

Religiöser Bezug

„Da versammelte sich eine große Menschenmenge um ihn. Er stieg deshalb in ein Boot und setzte sich; die Leute aber standen am Ufer. Und er sprach lange zu ihnen in Form von Gleichnissen." *(Matthäus 13,2–3a)*

„Ihm, der auf dem Thron sitzt, und dem Lamm gebühren Lob und Ehre und Herrlichkeit und Kraft in alle Ewigkeit." *(Offenbarung 5,13b)*

30 Erhöhe deine Standfestigkeit

Übung

- Setze im Stehen die Füße etwas weiter auseinander. Lote deinen Stand aus und spüre die Erdanziehung.
- Stehe mit beiden Füßen fest auf dem Boden und schaue in die Weite.
- Drehe aus der Mitte des Bauch-Becken-Raumes - ohne deinen Standort zu verändern - deinen Körper weit nach rechts und dann nach links. Bleibe in dieser wechselnden Bewegung.
- Nimm deinen Kopf und deine Arme mit in diese Halbkreisdrehung. Gib alle Anspannung aus den Armen ab, so dass sie wie „Anhängsel" hin und her schlagen. Stelle dir vor, du würdest dich mit diesen wiederholten Halbkreisdrehungen im Boden verankern.
- Spüre rechts und links deine Grenzen, akzeptiere sie und überschreite sie keinesfalls mit Gewalt.
- Wenn du das Gefühl hast, dich tief in den Boden hineingedreht zu haben, beende langsam die Übung.
- Lass die Drehbewegung in dir nachklingen. Spüre die Aufrechte und gehe mit deinem Bewusstsein in die Hände.
- Führe im Ausatmen den Luftstrom durch deine Arme in die Hände. Gib die verbrauchte Luft oder ein Schwindelgefühl durch deine Fingerspitzen ab.

Wirkung

Durch die Halbkreisdrehungen – verbunden mit deiner Vorstellung, dich wie eine Schraube tief im Boden zu verankern – bekommst du einen festen Kontakt zur Erde. Deine Standfestigkeit erhöht sich, so dass dich kaum noch etwas „umwerfen" kann. Ohne den Halt zu verlieren kannst du dich in aufrechter Haltung nach allen Seiten locker bewegen.

Religiöser Bezug

„Wehe euch, die ihr die Standfestigkeit verloren habt. Was werdet ihr tun, wenn euch der Herr zur Rechenschaft zieht?" *(Jesus Sirach 2,14)*

„Wenn ihr standhaft bleibt, werdet ihr das Leben gewinnen." *(Lukas 21,19)*

„In allem erweisen wir uns als Gottes Diener: durch große Standhaftigkeit, in Bedrängnis, in Not, in Angst." *(2. Korintherbrief 6,4)*

# 31 Sei tragfähig

Übung

Der erste Teil der Übung wird im Sitzen, der zweite im Stehen ausgeführt.

- Fühle dein Becken als Körperschwerpunkt.
- Lass den Lebensstrom entlang der Wirbelsäule aufwärts fließen. Gehe über die sieben Halswirbel bis zum Atlas, dem letzten Halswirbel, der deinen Kopf trägt.
- Wiederhole diese Übung, die das Kreuzbein im Beckenraum mit dem Atlas verbindet, drei Mal.
- Stelle dich aufrecht. Leite die Erdkräfte über Füße und Beine in dein Becken.
- Empfinde dein Becken als Schale. Lass vom Kreuzbein aus den Lebensstrom die Wirbelsäule hinauffließen bis zur Schulterhöhe.
- Strecke beide Arme horizontal nach vorn aus.
- Führe den Lebensstrom weiter über die Halswirbel zum kopftragenden Atlas.
- Verweile bei den sieben Halswirbeln. Lass sie vom Energiestrom umfließen.
- Führe den Lebensstrom in dein Becken zurück und gib ihn über die Beine und deine Füße an die Erde ab.

Wirkung

Störungen im Hals-Nacken-Bereich, die größtenteils seelisch bedingt sind, kannst du mit dieser Übung angehen. Du erfährst Freiheit der Halsbewegung und eine bessere Durchblutung der Halsregion. Die Einfühlung in die Halswirbel bewirkt Lockerung und Entspannung. Eine falsche Haltung des Halses wird korrigiert, was wiederum den Schultergürtel entlastet. Der Zustand des Nacken- und Schulter-Bereiches zeigt an, wie weit du bereit bist, deine Lebenslast willig zu tragen.

Religiöser Bezug

„Sie (die Schriftgelehrten und Pharisäer) schnüren schwere Lasten zusammen und legen sie den Menschen auf die Schultern, wollen aber selber keinen Finger rühren, um die Lasten zu tragen." *(Matthäus 23,4)*

„An jenem Tag fällt Assurs Last von deiner Schulter, sein Joch wird von deinem Nacken genommen." *(Jesaja 10,27)*

„Löse die Fesseln von deinem Hals, gefangene Tochter Zion!" *(Jesaja 52,2b)*

32 Finde dein inneres Gleichgewicht

Übung

Durch die Kreuzeshaltung kannst du den jeweiligen Stand deines inneren Gleichgewichtes wahrnehmen.

- Nimm nach dem Aufstehen oder auch während des Tages für kurze Zeit die Kreuzeshaltung an.

- Stelle deine Beine etwa schulterbreit auseinander, richte die Wirbelsäule auf und breite deine Arme seitlich aus.

- Beobachte, nach welcher Seite sich dein Körper neigt. Spüre in ihn hinein, um noch besser die Richtung festzustellen:
  rechts: Verstandes- und Bewusstseinsseite
  links: die Seite des Gefühls
  vorn: die zur Aktion drängende Richtung
  hinten: die passiv verharrende Richtung

- Durch die Antwort deines Körpers kannst du in hervorragender Weise das für dich Notwendige unterstützen.

Wirkung

Durch die Kreuzeshaltung und das damit verbundene Verhalten deines Körpers gewinnst du Einblick in dein Inneres. Dein leiblicher und seelischer Zustand wird dir bewusst. Du bist in der Lage - wenn nötig - ihn entsprechend auszugleichen. Du erhältst Direktiven für dein Fühlen, Denken, Tun und Lassen und weißt, welche Kräfte du im Tagesablauf aktivieren oder dämmen solltest.

Religiöser Bezug

„Denn die kleine Last unserer gegenwärtigen Not schafft uns in maßlosem Übermaß ein ewiges Gewicht an Herrlichkeit."
(2. Korintherbrief 4,17)

„Mach auch für deine Worte Waage und Gewicht."
(Jesus Sirach 28,25b)

„Ihr sollt zusammen mit allen Heiligen dazu fähig sein, die Länge und Breite, die Höhe und Tiefe zu ermessen und die Liebe Christi zu verstehen, die alle Erkenntnis übersteigt."
(Epheserbrief 3,18–19)

33 Behaupte dich

Übung

- Stehe mit beiden Füßen auf dem Boden und gib ein wenig in den Knien nach.
- Gehe in die Aufrechte und spüre deine Wirbelsäule – nicht nur als Knochenturm, sondern als eine Säule von wirbelnder Energie.
- Trage deinen Kopf als Verlängerung der Wirbelsäule aufrecht.
- Blicke in die Weite und stelle dir deinen Kopf wie von Seidenfäden gehalten und hochgezogen vor.
- Atme etwas tiefer ein und aus, lass los und gehe mehrere Male wieder in die Aufrechte.

Wirkung

Das Aufrichten und das Sich-Behaupten gehen als Weg über die Be-Weg-ung hinaus. Ohne hochnäsig zu sein gehst du selbstbewusst deinen Weg. Du kannst dich durchsetzen und be-haupten, deine Meinung klar definieren und durch entsprechende Handlungen dein Ziel geradliniger erreichen. Sei dir immer wieder deines Kopfes bewusst, mit dem du etwas be-haupten kannst.

Denke an den „Häuptling", an das „Oberhaupt" oder an die vom lateinischen Wort „caput" (= Haupt) abgeleiteten Wörter Kapuze, Kapitän, Kapital, Kapitel, die jeweils „das Oberste" oder „das Erste" bezeichnen.

Religiöser Bezug

„Als das Volk vor den Philistern floh, stellte sich Schamma mitten in das Feld, behauptete es und schlug die Philister. So verlieh ihm der Herr einen großen Sieg. *(2 Samuel 23,11–12)*

„Das Wissen des Arztes erhöht sein Haupt."
(Jesus Sirach 38,3)

„Ich bestimmte ihr Tun, ich saß als Haupt, thronte wie ein König inmitten der Schar, wie einer, der Trauernde tröstet."
(Ijob 29,25)

34 Beuge dich, ohne zu zerbrechen

Übung

- Bestimme deinen Standort. Stelle die Füße in Schulterbreite auseinander und nimm Kontakt zum Boden auf.

- Lass den Kopf locker nach vorn hängen, so dass dein Kinn die Brust berührt.

- Achte darauf, deine Knie nicht zu versteifen.

- Lass nun deine Arme locker nach vorn hängen und spüre durch sie die Erdanziehung.

- Beuge langsam deinen Oberkörper nach vorn. Mach dabei einen runden Rücken.

- Versuche in dieser Haltung deine Atmung im Rücken zu spüren.

- Gehe noch einmal in deine Arme, lockere sie, so dass sie nicht wie Stöcke herabhängen.

- Nimm im Ausatmen erneut die Erdenschwere wahr.

- Gehe nach zwei bis drei Minuten langsam in die Ausgangsstellung zurück.

- Lege dich nach dieser Übung unbedingt etwas hin und ruhe dich aus.

Wirkung

Neben dem häufigen Aufrichten und Gerade-Sein tut es deinem Rücken hin und wieder ebenfalls gut, nicht nur flach auf dem Boden zu liegen, sondern sich auch zu beugen. Es gibt manche Lebenssituation, die du nur bewältigen kannst, wenn du sie annimmst und dich ihr beugst. Denke an das Schilfrohr, das sich biegt ohne zu brechen. Du wirst beim erneuten Aufrichten eine Erweiterung in deinem Brustraum spüren, die ein Gefühl von Freisein hinterlässt.

Religiöser Bezug

„Kommt, lasst uns niederfallen, uns vor ihm verneigen, lasst uns niederknien vor dem Herrn, unserm Schöpfer!"
(Psalm 95,6)

„Herr, ich weiß, dass deine Entscheide gerecht sind; du hast mich gebeugt, weil du treu für mich sorgst."
(Psalm 119,75)

35 Halte dir den Rücken frei

Übung

- Lege dich auf den Rücken. Die Beine liegen in geringem Abstand voneinander, die Zehen sind nach außen gerichtet, die Arme liegen neben dem Körper, die Handinnenflächen berühren den Boden.
- Spüre die Schwere deines Körpers und die Stellen, an denen er den Boden berührt.
- Nimm auch die Teile deines Körpers wahr, die Widerstand leisten oder den Bodenkontakt nicht empfinden.
- Fühle, wie die Erde dich trägt und einbettet wie in warmem Sand.
- Ziehe die Beine an, so dass die Fersen das Gesäß berühren.
- Spüre, wie dein unteres Kreuz zu intensivem Kontakt auf den Boden gedrückt wird.
- Strecke dein rechtes Bein geradlinig aus, halte es in der Schwebe und lege es mit dem Ausatmen langsam zurück an den Boden.
- Wiederhole diese Übung mit den linken Bein. Achte darauf, dass du vor dem langen Ausatmen tief einatmest.
- Versuche, beide Beine parallel anzuheben und sie langsam im Ausatmen abzusenken bis in den „warmen Sand".

Wirkung

Du erfährst eine Aktivierung der oberen Beinmuskulatur, die bei vielen Menschen verkümmert ist. Durch das Anziehen der Beine schwindet dein Hohlkreuz, so dass du dich besser aufrichten kannst. Die Übung stärkt die gerade Linie deines Rückens. Wisse: Wenn du deinen Rücken zu krumm machst, wird dir ständig mehr aufgeladen.

Religiöser Bezug

„Ihr Rücken war verkrümmt, und sie konnte nicht mehr aufrecht gehen. Er (Jesus) legte ihr die Hände auf. Im gleichen Augenblick richtete sie sich auf und pries Gott."
(Lukas 13,11b.13)

„Den Rücken bot ich denen, die mich schlugen."
(Jesaja 50,6a)

„Beuge deinen Rücken und nimm sie (die Weisheit) auf dich." *(Jesus Sirach 6,25)*

36 Werde belastbarer

Übung

- Wähle dir einen relativ schweren, jedoch für dich tragbaren Gegenstand: zum Beispiel zwei große Bücher oder einen Stein.
- Nimm den Gegenstand in deine Hände und halte ihn so, als ob du sein Gewicht prüfen wolltest. Die Ober- und Unterarme bilden einen rechten Winkel.
- Bleibe zwei bis drei Minuten in dieser Haltung.
- Solltest du ermüden, lege den Gegenstand vorzeitig ab und nimm ihn nach einer kurzen Erholzeit erneut auf.
- Versuche nochmals zwei bis drei Minuten in dieser Armhaltung zu verweilen.
- Halte nun den Gegenstand mit gestreckten Armen weiter von dir ab. Stelle dir ein Gegenüber vor, dem du den Gegenstand als Geschenk überreichst.
- Bleibe zwei bis drei Minuten in dieser Haltung. Solltest du ermüden, lege den Gegenstand vorzeitig ab und beginne nach einer Erholzeit erneut.
- Fühle deine Arme und spüre nach, welche Körperbereiche zusätzlich an dieser Übung beteiligt waren.

Wirkung

Durch diese Übung werden deine Bewegungen insgesamt verbessert. Die Muskulatur wird gekräftigt, Haltungsschwächen werden korrigiert. Wichtig ist, dass du aus der Bewegungsform eine Ausdrucksgeste machst. Durch das Heben, Tragen und Abgeben zum Beispiel bringst du etwas ans Licht, offenbarst etwas, das du dann weiterreichst. Durch die Vorstellung, es stünde dir jemand gegenüber, bist du intensiver bei dieser Übung. Deine Bewegungen haben einen wesentlich größeren Bezug zum Raum, und du erfährst dabei ein gesteigertes Wertgefühl.

Religiöser Bezug

„Einer trage des anderen Last; so werdet ihr das Gesetz Christi erfüllen." *(Galaterbrief 6,2)*

„Kommt alle zu mir, die ihr euch plagt und schwere Lasten zu tragen habt. Ich werde euch Ruhe verschaffen." *(Matthäus 11,28)*

37 Stärke dein Rückgrat

Übung

- Lege dich auf den Boden wie in den warmen Sand.
- Nimm Kontakt zu dir selbst auf und denke dabei an ein Kind, das immer wieder Kontakt zu sich selbst, zu den Eltern, zur Haut und zum Boden braucht.
- Ziehe die Fersen so weit wie möglich zum Gesäß. Dabei winkelst du die Knie an. Die Füße stehen flach auf dem Boden.
- Spüre, wie dein Becken wohltuend auf dem Boden aufliegt und somit besseren Kontakt zum Boden hat.
- Arme und Hände liegen seitlich neben dem Körper. Die Handflächen berühren den Boden.
- Hebe im Einatmen Nacken und Kopf leicht an. Senke im Ausatmen den Kopf wieder bis auf den Boden und spüre die Auflagefläche.
- Wiederhole das sanfte Heben und Senken deines Kopfes sieben bis acht Mal.
- Strecke während eines langen Ausatemzuges deine Beine aus – die Fersen gleiten über den Boden.
- Beginne durch Recken und Strecken dich langsam wieder aufzurichten, da die gesunde Körperspannung im Liegen abnimmt.

Wirkung

Die Rückenlage ist die klassische Entspannungsposition, da im Liegen unser Körper der Schwerkraft nichts entgegenstellt. Bei angewinkelten Knien entspannt sich deine Wirbelsäule wohltuend. Vielleicht ist es eine neue Erfahrung für dich, die Entlastung der Wirbelsäule bewusst zu erleben und die volle Länge und Breite deines Rückens zu spüren. Ein starkes Rückgrat wird dir auch zu einer größeren Standfestigkeit im Alltag verhelfen.

Religiöser Bezug

„Sie haben mich oft gedrängt von Jugend auf, doch sie konnten mich nicht bezwingen. Die Pflüger haben auf meinem Rücken gepflügt, ihre langen Furchen gezogen. Doch der Herr ist gerecht, er hat die Stricke der Frevler zerhauen." *(Psalm 129,2–4)*

38 Stelle dich auf deine eigenen Füße

Übung

Vollziehe diese Übung im Stehen – möglichst ohne Schuhe – draußen oder aber im Haus auf einem Teppich- oder Holzboden.

- Spüre mit den Füßen, die parallel nebeneinander stehen, in den Boden hinein.
- Die Knie sind gelockert – weder durchgedrückt noch gebeugt.
- Nimm durch die Fußsohlen eine intensive Beziehung zur Erde auf.
- Stelle dir vor: Deine Fußsohlen schlagen Wurzeln, die tief in die Erde wachsen und sich weit verzweigen.
- Lass dein Gewicht auf den Wurzeln ruhen und sei ganz präsent.
- Betone deinen Ausatem – ohne ihn zu forcieren – und verwurzle dich bei jedem Ausatem tiefer in die Erde.
- Gehe nach einigen Minuten wieder in deinen üblichen Lebensrhythmus über, ohne dass deine Füße den Bodenkontakt verlieren.

Wirkung

Mit dem intensiv aufgenommenen Kontakt zur „Mutter Erde" wird dir bewusst, dass sie es gut mit uns meint, uns trägt und nährt. Du gewinnst im Stand wie auch im Gehen besseren Halt. Nichts wirft dich so leicht um: Du bist mehr zu Hause bei dir selbst. Durch gute Erdung ist es dir möglich, über dich selbst hinauszuwachsen. „Auf eigenen Füßen stehen" ist ein wesentlicher Entwicklungsschritt zum Selbstbewusstsein. Schon beim Neugeborenen erlebst du durch das Recken und Strecken, wie es über sich hinauswachsen möchte.

Religiöser Bezug

„Die Gerechten wurzeln im festen Grund."
(Sprichwörter 12,12b)

„Du schufst ihm weiten Raum; er hat Wurzeln geschlagen und das ganze Land erfüllt." *(Psalm 80,10)*

„Unechtes Gewächs treibt keine Wurzeln in die Tiefe und fasst keinen sicheren Grund." *(Weisheit 4,3b)*

Bewege dich

Übung

- Setze dich auf den Boden, strecke deine Beine aus und stütze dich nach hinten mit den Armen ab.
- Die Handflächen liegen fest auf dem Boden und nehmen Kontakt zur Erde auf.
- Stelle dir vor, den Platz, auf dem du sitzt, richtig zu „be-sitzen".
- Spreize deine Beine ein wenig und bewege die Füße hin und her. Führe deine Zehen nach innen und dann so weit wie möglich nach außen. Die Fersen bleiben fest am Boden.
- Öffne dich nun ein bisschen mehr und spreize die Beine weiter auseinander. Wiederhole die Bewegung mit den Füßen bis zu fünfzig Mal.
- Spreize die Beine bis zur Grenze. Achte darauf, dich nicht zu überdehnen.
- Führe in dieser am weitesten geöffneten Stellung die Rollübung weiter aus. Spüre, wie die Bewegung wie von selbst abläuft und du dich wohl zu fühlen beginnst.

Wirkung

Oft sind die Beine zu wenig in Bewegung, so dass die Beinmuskulatur unterentwickelt ist. Du spürst deutlich die Begrenzung deines Körpers, die jedoch ausgeweitet werden kann. Die Erfahrung in dieser Übung ist wichtig, die zu enge Grenze ein wenig zu überschreiten. Die Bewegung nach innen läuft fast wie von selbst ab, doch nach außen kann sie zunächst schmerzhaft sein. Sich öffnen tut dann weh, wenn man lange verschlossen war. Sich öffnen heißt nicht nur, sich in den Leisten zu öffnen. Insbesondere bewirkt die Übung, sich auch innerlich zu öffnen, um Altes loszulassen und abzugeben.

Religiöser Bezug

„Denn die Weisheit hat den Mund der Stummen geöffnet, und die Zungen der Unmündigen hat sie beredt gemacht." *(Weisheit 10,21)*

„Ich will dich vor dem Volk und den Heiden retten, zu denen ich dich sende, um ihnen die Augen zu öffnen. Denn sie sollen sich von der Finsternis zum Licht bekehren."
(Apostelgeschichte 26,17–18a)

40 Bewahre Haltung

Übung

- Stelle dich aufrecht und bleibe einige Minuten in dieser geraden Haltung stehen. Lass leichte Schwankungen zu. Beende die Übung, wenn Ermüdungserscheinungen auftreten.
- Ruhe dich ein wenig aus und gehe erneut in die aufrechte Haltung.
- Spüre die Wirkung der Schwerkraft auf deinen Körper. Gehe aufmerksam in diese Bewegung hinein und wisse, dass du ein Teil dieser Erde bist.
- Richte dich innerlich – von der Erde kommend – noch einmal auf und gehe dem Gedanken und dem Gefühl nach, dass du als Mensch mit der Luft, dem Licht und dem Himmel verbunden bist.
- Frage dich am Ende der Übung: Wie habe ich meine Standfestigkeit erlebt? Wann trat Ermüdung ein? Welche Erfahrungen habe ich gemacht mit der Erde unter mir und dem Himmel über mir?

Wirkung

Die Einordnung in die Vertikale gehört zu den wesentlichen Voraussetzungen für die Entwicklung der Persönlichkeit. Du empfindest deine aufrechte Haltung als Ausdruck deines Wesens. Stellst du dir vor, erdhaft zu sein, empfindest du deinen Körper massiver, stabiler und gefestigter. Durch die Vorstellung, du würdest himmelwärts gezogen, wird die Erdenschwere scheinbar aufgehoben. Du gehst wie von selbst über deine leiblichen Grenzen hinaus, und ein Gefühl von Leichtigkeit kommt in dir auf. Du bist nun in der Lage, aus deiner Mitte heraus noch besser auf deine Umwelt zu wirken.

Religiöser Bezug

„Und der Geist hob mich empor zwischen Erde und Himmel." *(Ezechiel 8,3)*

„Als David aufblickte, sah er den Engel des Herrn zwischen Erde und Himmel stehen." *(1 Chronik 21,16a)*

„Ich erhebe meine Hand zum Herrn, dem Höchsten Gott, dem Schöpfer des Himmels und der Erde." *(Genesis 14,22)*

41 Schreite bewusst voran

Übung

Diese Übung, die dir deine Beine, deine Füße und dein Gehen bewusst macht, kannst du überall ausführen – sogar auf einer belebten Straße.

- Nimm während des Gehens die Bewegung deiner Beine wahr. Entwickele ein Gefühl für die Bewegung. Lenke deine Aufmerksamkeit in die Beine und Füße.

- Spüre, wie während des Gehens einmal dein rechtes und einmal dein linkes Bein zum Standbein werden, auf dem dein Gewicht lastet.

- Spüre, wie du während des Gehens einmal mit deinem rechten und einmal mit deinem linken Bein fortschreitest.

- Nimm wahr, wie sich von Schritt zu Schritt dein Körpergewicht verlagert und du im Wechsel von Ruhe und Aktivität fortschreitest.

- Haste oder eile nicht, damit deine Aufmerksamkeit der Bewegung folgen kann.

Wirkung

Allzu leicht werden natürliches Körpergefühl und Empfinden durch unsere Verkopfung verdrängt. Diese Übung, die du wiederholen solltest, ist wichtig, damit du beim Gehen oder Laufen nicht ausschließlich in Gedanken, sondern zeitweilig in deinen Beinen und Füßen präsent bist. Wenn dir diese Körperempfindungen bewusst werden, kannst du dich in der Anspannung entspannen. Diese Bewegungsabläufe können niemals mechanisch werden. Du spürst im Gehen den dir eigenen Rhythmus, der auch für andere sichtbar wird.

Religiöser Bezug

„Er (Jesus) aber schritt mitten durch die Menge hindurch und ging weg." *(Lukas 4,30)*

„Den Weg der Weisheit zeige ich dir, ich heiße dich schreiten die Bahn der Geradheit." *(Sprichwörter 4,11)*

„Drei sind es, die stattlich schreiten: der Löwe, der Held unter den Tieren, der vor keinem umkehrt; der Hahn, der einherstolziert und der Leitbock." *(Sprichwörter 30,29–31a)*

Vertiefe deine Spiritualität

# 42 Gib den Weg nach innen frei

Übung

Es gehört zu deinen Aufgaben, die gebrochene Schöpfungsordnung zwischen Himmel und Erde wiederherzustellen.

- Führe im Stehen mit dem Stichwort „Himmel", das du dir innerlich sagst, beide Arme und Hände vor die Brust. Die Handflächen zeigen nach oben – so, als ob du etwas darreichen wolltest. Atme bei dieser Aufwärtsbewegung tief ein.

- Gehe mit deiner Aufmerksamkeit in deine Hände bis in die Fingerspitzen, die gestreckt sind.

- Falte nun deine Hände und presse sie langsam im Ausatmen mit dem Stichwort „Erde" nach unten.

- Stelle dir vor, du presst die ausgeatmete Luft in die Erde hinein. Überwinde den Luftwiderstand und atme dabei alle verbrauchte Luft aus.

- Wiederhole die Übung fünf bis sechs Mal.

- Spüre, ob du einen festeren Stand auf dem Boden hast und dich himmelwärts offener fühlst.

Wirkung

Du machst durch diese Übung beide Pole – Himmel und Erde – sichtbar und verbindest dich jeweils mit ihnen, denn unser Verstand und unser Denken reißen Himmel und Erde immer wieder auseinander. Die Wiederholung der Übung dient dazu, den Intellekt zeitweilig auszuschalten. Das entlässt dich – ohne dass du viel dabei denkst – aus dem Bann des Ichs und gibt den Weg nach innen frei. Wisse: Du machst keine Fehler, sondern Erfahrungen. Es geht nicht um ein Können, sondern um die Entfaltung des dir angeborenen Wesens.

Religiöser Bezug

„Der Herr hat die Erde mit Weisheit gegründet und mit Einsicht den Himmel befestigt." *(Sprichwörter 3,19)*

„Der Geist hob mich empor zwischen Erde und Himmel." *(Ezechiel 8,3b)*

„Dein Wille geschehe wie im Himmel, so auf Erden." *(Matthäus 6,10b)*

43 Finde deine Wurzeln

Übung

- Setze dich bequem. Gib alle Anspannung ab – besonders im Beckenbereich, so dass du den Platz, auf dem du sitzt, auch wirklich be-sitzt.

- Verankere dich imaginär fest in der Erde, indem du von deinen Füßen aus Wurzeln in den Boden wachsen lässt. Du kannst die Augen schließen.

- Richte langsam deine Wirbelsäule auf und beginne deinen Wurzeln nachzugehen. Diese liegen in deinem Vater und in deiner Mutter.

- Gehe über sie hinaus zu deinen Großeltern und zu allen deinen Vorfahren.

- Verfolge die Evolutionskette zurück zu allen Formen, die Leben angenommen hat.

- Spüre über den Planeten Erde hinaus in das gesamte Universum.

- Nimm nun jenseits des Universums deine Wurzeln wahr, die im Anfang allen Werdens gründen: im Urgrund göttlichen Seins.

- Versuche von hieraus deine Wurzeln zu orten.

- Stimme dieser Wirklichkeit zu und komme langsam in deine Gegenwart zurück.

Wirkung

Viele Menschen sind Entwurzelte - nicht nur deshalb, weil sie nicht mehr von ihrer Hände Arbeit leben. Oft fehlen Bodenständigkeit und eine Anbindung an die gewachsene Kultur. Ein Vakuum ist entstanden. Die Übung zeigt, wie du „Luftwurzeln" bilden kannst, um aus dieser labilen Situation herauszukommen und eine Verankerung zu finden. Das Universum und der Schöpfer des Himmels und der Erde bieten „Grund" für die geistigen Wurzeln, die es zu entwickeln gilt.

Religiöser Bezug

„Die ganze Schöpfung wartet sehnsüchtig auf das Offenbarwerden der Kinder Gottes. Wir wissen, dass die gesamte Schöpfung bis zum heutigen Tag seufzt und in Geburtswehen liegt." *(Römerbrief 8,19.22)*

„In künftigen Tagen schlägt Jakob wieder Wurzel, Israel blüht und gedeiht, und der Erdkreis füllt sich mit Früchten." *(Jesaja 27,6)*

„Nicht du trägst die Wurzel, sondern die Wurzel trägt dich." *(Römerbrief 11,18b)*

44 Nimm dein Kreuz an

Übung

Am wirkungsvollsten ist es, diese Übung im Liegen auszuführen. Du kannst jedoch dein Kreuz auch im Sitzen oder Stehen wahrnehmen.

- Breite deine Arme als Verlängerung des Schultergürtels nach links und rechts aus. Die Handflächen zeigen nach oben.
- Nimm dein Kreuz wahr, das von Wirbelsäule und Schultergürtel gebildet wird.
- Fühle deinen Ein- und Ausatemrhythmus.
- Atme tief aus.
- Gehe beim Einatmen mit deiner Aufmerksamkeit in den Beckenraum, richte dich gerade auf und stelle dir vor, deine Wirbelsäule hinaufzuatmen.
- Führe die Luft bis in den Schultergürtel.
- Atme tief aus.
- Spüre einige Male im Ein- und Ausatmen dein Kreuz, das du trägst und das dich trägt.

Wirkung

Indem du wahrnimmst, nimmst du etwas vom Wahren - und dazu gehört auch dein Kreuz, das du akzeptieren musst und daher bejahen solltest. Diese Übung ist in der Lage, dich und das, was du zu tragen hast, zu entlasten.
Wichtig ist ebenfalls, dass du um das Kreuz weißt, das du vielleicht auch manchmal für andere bist.

Religiöser Bezug

„Wer nicht sein Kreuz trägt und mir nachfolgt, der kann nicht mein Jünger sein." *(Lukas 14,27)*

„Jesus hat angesichts der vor ihm liegenden Freude das Kreuz auf sich genommen, ohne auf die Schande zu achten, und sich zur Rechten von Gottes Thron gesetzt." *(Hebräerbrief 12,2b)*

„Und wer nicht sein Kreuz auf sich nimmt und mir nachfolgt, ist meiner nicht würdig." *(Matthäus 10,38)*

45 Richte dich auf

Übung

- Setze dich so, dass die Knie unterhalb des Beckens sind. Lehne dich nicht an.

- Atme aus und lasse alle Anspannung los – vor allem die der Gesäßmuskulatur.

- Gehe mit deinem Bewusstsein in dein Becken und stelle es dir wie eine große geöffnete Schale vor. (Im Beckenraum ruht das Kreuzbein – der unterste Teil deiner Wirbelsäule, der Aufrechten.)

- Beginne vom Steißbein aus über das Kreuzbein Wirbel für Wirbel in deiner Vorstellung zu ertasten.

- Atme bewusst tiefer aus, wenn du das Gefühl hast nicht weiterzukommen.

- Richte dich langsam auf. Deine Wirbelsäule hat im Kreuzbein ihren festen Halt.

- Verlängere in deiner Vorstellung die Wirbelsäule bis in deinen Kopf und trage ihn aufrecht.

- Gehe einige Male vom Beckenraum über das Kreuzbein in die Aufrechte und beende langsam die Übung.

Wirkung

Das Gehen in die Aufrechte entlastet nicht nur angespannte Muskulatur, sondern gibt dir auch - falls es dir daran mangelt - ein gesundes Selbstbewusstsein. Der spirituellste Aspekt der Wirbelsäule ist das Kreuz-Bein (os sacrum) - ein wuchtiger, keilförmiger und durchstoßener Knochen. Das Kreuzbein weist auf eine Verbindung oder einen Durchstoß einer Waagerechten von einer Senkrechten. Die Kräfte der Tiefe im Bauchraum und im Becken werden von Kräften der Höhe gesprengt und geöffnet, um zur Er-lösung zu gelangen. Wenn sich Horizontales von Vertikalem befruchtend durchbrechen lässt, entsteht Heil.

Religiöser Bezug

„Ich bin der Herr, euer Gott, der euch aus dem Land der Ägypter herausgeführt hat, so dass ihr nicht mehr ihre Sklaven zu sein braucht. Ich habe eure Jochstangen zerbrochen und euch wieder aufrecht gehen lassen." *(Levitikus 26,13)*

„Daniel, du von Gott geliebter Mann, achte auf die Worte, die ich dir zu sagen habe. Stelle dich aufrecht hin; denn ich bin jetzt zu dir gesandt." *(Daniel 10,11)*

Atme Heiligen Geist

Übung

Der Atem ist eine große Kraft, die in uns wohnt und uns ohne unser Zutun am Leben erhält. Diese Übung ist Gebet.

- Horche in der Stille auf deinen Atem, der im Rhythmus von Abgeben und Annehmen in dir pulsiert.
- Lass beim Ausatmen alle Anspannung los. Gib im Schulterbereich nach.
- Unterstütze die Entspannung im Nacken, indem du deinen Mund leicht öffnest.
- Sprich innerlich – ohne die Zunge und die Lippen zu bewegen – beim Einatmen „Atme in mir" und beim Ausatmen „du Heiliger Geist".
- Wiederhole ungefähr zehn Minuten in deinem Atemrhythmus den Anfang des Gebetes „Atme in mir, du Heiliger Geist", welches dem hl. Augustinus zugeschrieben wird.
- Nimm wahr, wie das Gebet sich an deinen Ein- und Ausatem legt und es von selbst in dir atmet, ohne dass du mit deinem Willen lenkend eingreifst.
- Wenn du diese Gebetsatmung über längere Zeit übst, gehst du wie von selbst in einen tiefen Bereich des Schweigens über, wo alle Worte enden.

Wirkung

Unbewusste Atemblockierung in der oberen Körperregion wird gelöst, und du schlägst Brücken zu den Tiefenschichten deines Wesens. Du näherst dich dem Teil deines Ich, der sich deinem Willen entzieht, und schöpfst Kraft, die vom Grund deines Lebens kommt. Durch diese Atem-Gebetsübung ist es dir möglich, die verborgene Verbindung zu deinem wahren Wesen, zu Gott, wiederzuerwecken. Das Wort „Atem" leitet sich von dem indischen „Atman" ab, welches so viel wie „das Göttliche in uns" bedeutet.

Religiöser Bezug

„Wisst ihr nicht, dass ihr Gottes Tempel seid und der Geist Gottes in euch wohnt?" *(1. Korintherbrief 3,16)*

„Es ist die Tätigkeit des Heiligen Geistes, der geheimnisvoll dem Geist des Menschen Dienste leistet."
(Makarius, Geistliche Homilien 17)

„Die Liebe Gottes ist ausgegossen in unsere Herzen durch den Heiligen Geist, der uns gegeben ist." *(Römerbrief 5,5)*

47 Bleibe fest und ruhig stehen

Übung

Ziehe die Schuhe aus, um eine bessere Fühlung zum Boden aufzunehmen.

- Stelle dich frei in den Raum. Deine Füße stehen in Schulterbreite auseinander.
- Nimm mit den Füßen Kontakt zum Boden auf und spüre in ihn hinein.
- Blicke ins Weite. Erlebe den nach oben gerichteten Zug deiner Wirbelsäule und spüre über das Scheiteldach hinaus himmelwärts.
- Versuche deinen Schwerpunkt in der Leibmitte zu finden. Lass deine Bauchmuskeln unter Spannung, doch spanne sie nicht bewusst an.
- Lass dich in den Schultern los. Deine Finger weisen nach unten.
- Spüre dich im Atmen. Jedes Ausatmen wird dein Gleichgewicht etwas nach vorn verschieben; jedes Einatmen führt dich zur Mitte zurück.
- Verwurzle dich im Ausatmen tiefer in die Erde und empfange beim Einatmen Kräfte der Erde, die dich über dich hinauswachsen lassen.
- Schließe deine Augen und spüre noch stärker die Erde unter dir und den Himmel über dir. Spüre den Raum um dich herum.

Wirkung

Das Aufrechtsein fühlt sich kraftvoll an, wenn du sicher auf beiden Beinen stehst und deine Mitte ausgelotet hast. Der Rat, dich in den Schultern loszulassen, besagt mehr als „lass in den Schultern los". Das Erspüren des Himmels über dir führt zu einem Offensein für den, der uns seinen Willen kundtun möchte. Vielleicht wirst du im längeren meditativen Stehen die Erfahrung machen, dass eine außerordentliche spirituelle Macht, eine Kraft der Seele, die uns aufrecht hält, durch deinen Körper fließt und jede Zelle kraftvoll macht.

Religiöser Bezug

„Sie sind gestürzt und gefallen; wir bleiben aufrecht und stehen." *(Psalm 20,9)*

„Wer also zu stehen meint, der gebe Acht, dass er nicht fällt." *(1. Korintherbrief 10,12)*

„Doch werdet ihr nicht kämpfen müssen. Tretet an, bleibt aber stehen, und seht zu, wie der Herr euch Rettung verschafft." *(2 Chronik 20,17a)*

48 Genieße lebendiges Wasser

Übung

Du stehst unter der Dusche und wäscht dich. Bevor du das Wasser ausstellst und die Duschwanne verlässt,

- halte einen Augenblick inne und steige in das Wohlbefinden des Augenblicks ganz ein.

- Stelle dir vor: Der Wasserstrahl dringt in dein Inneres und spült alle Unreinheiten fort.

- Erspüre, in Anlehnung an das Schriftwort, dass in deinem Inneren Ströme von lebendigem Wasser fließen.

Wirkung

Du lernst, im Augenblick präsent zu sein und ihn zu genießen, ohne viel an Vergangenes oder Zukünftiges zu denken. Der Wert des Lebenselementes „Wasser" wird dir dankbar bewusst. Du nimmst das Gefühl mit, nicht nur äußerlich, sondern auch innerlich gereinigt zu sein. Du hast das Außen mit dem Innen in Verbindung und in Einklang gebracht, so dass du dich ganzheitlich erfrischt und erneuert fühlst.

Religiöser Bezug

„Am letzten Tag des Festes, dem großen Tag, stellte sich Jesus hin und rief: Wer Durst hat, komme zu mir und es trinke, wer an mich glaubt. Wie die Schrift sagt: Aus seinem Inneren werden Ströme von lebendigem Wasser fließen. Damit meinte er den Geist, den alle empfangen sollten, die an ihn glauben." *(Johannes 7,37–39a)*

Jesus sagt zur Samariterin: „Wer aber von dem Wasser trinkt, das ich ihm geben werde, wird niemals mehr Durst haben; vielmehr wird das Wasser, das ich ihm gebe, in ihm zur sprudelnden Quelle werden, deren Wasser ewiges Leben schenkt." *(Johannes 4,14)*

… 49   Finde das Heil in dir

Übung

Diese Übung, die eine besonders spirituelle Tiefendimension hat, solltest du möglichst im Stehen ausführen; im Sitzen entfaltet sie jedoch auch ihre Wirkung.

- Führe deine Hände vor der Brust zusammen, so dass sich beide Innenflächen berühren. Die Fingerspitzen zeigen nach oben. (Denke an das Bild „Betende Hände" von Albrecht Dürer.)

- Beginne, beide Hände aus den Handgelenken heraus in lockerer Auf- und Abbewegung zu schütteln. Wünsche dir dabei, deine Seele möge sich dem Unendlichen gegenüber öffnen.

- Intensiviere und beschleunige das Schütteln deiner Hände. Verbinde damit die Bitte, Gottes Liebe und seine Gnade mögen in dir lebendig werden.

- Im dritten Schritt – die Hände bewegen sich anstrengungslos und locker weiter – spüre deine Mitte und wisse, dass Gott in deiner Seele gegenwärtig ist und du nach seinem Bild geschaffen bist.

Wirkung

Aus dieser körperlichen Übung wird Gebet. Du erzeugst durch deine Hände, den Spiegel deiner Seele, gleichbleibende Schwingungen und erfährst ein inneres Offensein. Wie durch ein Sieb wird Fein- und Grobstoffliches voneinander getrennt und dir nicht Zugehöriges fällt von dir ab. Bislang überlagerte Kräfte der Mitte, die mit der gesamten Schöpfung in Zusammenhang stehen, können nun durch diese leibhaftige Anrufung frei werden. Du fühlst dich innerlich freier, gelöst, angenommen und gleichzeitig getragen. Die Würde deines Menschseins leuchtet dir ein.

Religiöser Bezug

„Im Sieb bleibt, wenn man es schüttelt, der Abfall zurück; so entdeckt man die Fehler eines Menschen, wenn man über ihn nachdenkt." *(Jesus Sirach 27,4)*

„Ihr seid zu einem neuen Menschen geworden, der nach dem Bild seines Schöpfers erneuert wird, um ihn zu erkennen." *(Kolosserbrief 3,10)*

„Ich will meine Hände erheben und dich anrufen mein Leben lang." *(Psalm 63,5)*

50 Spüre die Verbindung zwischen Erde und Himmel

Übung

- Halte für einen Augenblick inne und stelle dich aufrecht.
- Nimm durch deine Füße Kontakt zur festen Erde auf.
- Spüre über deine Beine, das Becken und die Wirbelsäule eine Bewegung zum Kopf hin, so dass du dich in deiner ganzen Gestalt wahrnehmen kannst.
- Lass bei leicht geöffnetem Mund deinen Atem fließen.
- Spüre über deinem Kopf den Raum, die Luft und letztlich den Himmel.
- Zu deinen Füßen die Erde, über deinem Kopf der Himmel: dazwischen stehst du. Nimm die Spannung zwischen Erde und Himmel wahr und lass sie durch dich hindurchfließen.
- Sei ganz anwesend und verinnerliche deine Aufgabe, die letztlich darin besteht, die Erde mit dem Himmel zu verbinden.
- Gehe mehrmals täglich in diese Übung: zum Beispiel bevor du in dein Auto steigst, bevor du mit deiner Arbeit beginnst oder von einer Aufgabe zur anderen wechselst.

Wirkung

Das Aufrichten in dem Bewusstsein, du verbindest die Erde mit dem Himmel, gibt innere Sicherheit sowie Widerstandsfähigkeit und hilft die Gegenwart bewusster und sinnvoller zu leben. Wenn es Schranken der Isolierung gibt, werden diese durchbrochen. Die Übung stellt eine Balance zwischen Körper und Geist her, da die Aufrichte-Kraft eines Menschen, räumlich und innerlich, eine Frage des Gleichgewichtes ist. Von der standfesten Materie richtest du dich in die geistige Strömung von oben. So lebst du bipolar gleichwertig zwischen „Mutter Erde" und „Vater Himmel". Du musst die Erde in den Himmel mitnehmen. Da die Jakobsleiter einen festen Stand auf der Erde hat, kann sich auch der Himmel über ihr öffnen.

Religiöser Bezug

„Er (Jakob) nahm einen von den Steinen dieses Ortes, legte ihn unter seinen Kopf und schlief dort ein. Da hatte er einen Traum: Er sah eine Leiter, die auf der Erde stand und bis zum Himmel reichte. Auf ihr stiegen Engel Gottes auf und nieder." *(Genesis 28,11b–12)*

51 Gewinne Kraft durch dein Kreuz

Übung

- Stehe aufrecht, die Arme hängen herab, die Füße stehen fest auf dem Boden.
- Lass den Lebensstrom von der Erde aus durch die Füße über deine Beine bis in dein Becken aufsteigen, wo sich beide Ströme vereinen.
- Führe diese strömende Kraft vom Kreuzbein aus langsam die Wirbelsäule hinauf bis zur Höhe der Schulterblätter.
- Breite beide Arme aus. Führe sie – die Hände sind offen – in die Waagerechte.
- Spüre, wie du nun leibhaft die Grundform des Kreuzes darstellst. Fühle es mit deinen Sinnen und durch deine Empfindungen.
- Nimm den Lebensstrom, der zwischen deinen Schulterblättern verweilt, wieder auf, teile ihn und lass ihn durch Arme und Hände bis zu den Fingerspitzen strömen und von dort aus in den Raum hinein.
- Löse dich von der Kreuzfigur in Haltung und Vorstellung. Lass deine Arme sinken.
- Nimm den Energiestrom durch die Hände wieder auf. Führe ihn durch deine Arme, dann die Wirbelsäule hinunter bis zum Becken und von dort durch deine Beine in die Füße. Gib ihn durch die Füße in die Erde ab.

Wirkung

Die Horizontale des Kreuzes ist wie ein Äquator, der den geistigen Raum des Kosmos umrundet. In ihn gliederst du dich ein, indem du Lebensenergie abgibst und gleichzeitig neue aufnimmst. Du machst die Erfahrung, nicht allein zu sein, sondern getragen zu werden: physisch erfahrbar durch das Vibrieren der Fingerspitzen, die Erwärmung der Hände und eine vermehrte Durchblutung.

Religiöser Bezug

„Der Geist des Herrn erfüllt den Erdkreis, und er, der alles zusammenhält, kennt jeden Laut." *(Weisheit 1,7)*

„Das Wort vom Kreuz ist denen, die verlorengehen, Torheit; uns aber, die gerettet werden, ist es Gottes Kraft." *(1. Korintherbrief 1,18)*

„Er stiftete Frieden und versöhnte die beiden (Juden und Heiden) durch das Kreuz mit Gott in einem einzigen Leib." *(Epheserbrief 2,15b–16a)*

52 Bereite dich zum Gebet

Übung

- Setze dich bequem. Neige dich ein wenig vor und mache ein Kreuzzeichen.
- Baue vom Becken aus die gerade Haltung wieder auf. Spüre die Wirbelsäule und ziehe sie ein wenig nach oben. Trage deinen Kopf aufrecht.
- Nimm das Kinn etwas zurück, damit Nacken und Wirbelsäule eine Gerade bilden.
- Dein Blick ruht auf einem Punkt in etwa einem Meter Abstand auf dem Boden.
- Spüre die Schwerkraft im Becken und gehe in eine leichte Pendelbewegung nach vorn und zurück, bis du deine Mitte gefunden hast.
- Nimm wahr, wie es von selbst in dir atmet. Lass die Ausdehnung des Zwerchfells kommen und wieder gehen. Tue nichts.
- Gehe nun deinen Körper von den Füßen bis zum Kopf durch. Lass dich im Ausatmen los - besonders da, wo du erhöhte Anspannung fühlst.
- Lass die Wirbelsäule in ihrer rechten Spannung; sacke nicht zusammen.
- Nimm dein Gebet oder deine Meditation auf. Achte nicht mehr auf deinen Körper und seine Atmung.
- Komme am Ende aus der Stille heraus, indem du Kopf, Hände und Finger ein wenig bewegst und dich dann, wie am Anfang, verneigst.

Wirkung

Der Übergang von der Aktivität und eventuell von deinen vielen Gedanken in das schweigende Dasein vor Gott wird dir durch diese Grundübung wesentlich erleichtert. Du kannst dich besser sammeln und erfährst ohne Einwirkung deines Willens - wie von selbst - tiefere Ruhe für Körper, Geist und Seele.

Religiöser Bezug

„Doch er (Jesus) zog sich an einen einsamen Ort zurück, um zu beten." *(Lukas 5,16)*

„Meine Augen sollen jetzt für das Gebet an diesem Ort offen sein, und meine Ohren darauf achten."
(2 Chronik 7,15)

„Dort kniete er (Daniel) drei Mal am Tag nieder und richtete sein Gebet und seinen Lobpreis an seinen Gott, so wie er es gewohnt war." *(Daniel 6,11b)*

Fördere dein Leistungsvermögen

53 Stehe mit beiden Beinen auf der Erde

Übung

- Stelle dich aufrecht und nimm eine bequeme und ruhige Haltung ein. Gib beim Ausatmen in den Schultern nach. Atme durch die Nase ein und durch den Mund aus.
- Gehe ein paar Schritte durch den Raum und suche dir einen neuen Platz, an dem du dich wohl fühlst. Schließe die Augen.
- Stelle dir vor, deine Füße schlagen Wurzeln und du wächst tief in die Erde hinein. Die Wurzeln verzweigen sich und durchdringen den ganzen Boden.
- Spüre nach, ob du durch die Verwurzelung festen Halt bekommen hast. Die Wurzeln ziehen Kraft aus der Erde und langsam wächst du aufrecht wie ein Baum. Die Lebenskräfte sammeln sich in dir und machen dich stark.
- Du hebst langsam deine Arme und entfaltest sie mit geöffneten Händen über deinem Kopf. Stelle dir dabei vor, wie aus dem Stamm des Baumes Äste und Zweige wachsen.
- Fühle, wie von oben Licht, Wärme und die Kraft des Himmels in dich einströmen und sich bis zu den Wurzeln ausbreiten. Fühle, wie auch ein Energiestrom – in umgekehrter Richtung – von den Wurzeln bis in die Zweige strömt.
- Nimm wahr, wie in dir als Mensch – nicht nur in deiner Vorstellung als Baum – Lebensenergie pulsiert und strömt.

Wirkung

Das Gefühl, Teil der Erde und fest mit ihr verankert zu sein, verstärkt sich in dir. Du spürst – auch nach der Übung – dass du mit beiden Beinen auf der Erde stehst. Dich wirft so leicht nichts um. Du bist Belastungen besser gewachsen und kannst deine Energien zielgerichteter einsetzen. Durch deine Erdung schwindet Kopflastigkeit. Die Beziehung zur Realität wird größer.

Religiöser Bezug

„Er ist wie ein Baum, der an Wasserbächen gepflanzt ist, der zur rechten Zeit seine Frucht bringt und dessen Blätter nicht welken." *(Psalm 1,3)*

„Gott, der Herr, ließ aus dem Ackerboden allerlei Bäume wachsen, verlockend anzusehen und mit köstlichen Früchten, in der Mitte des Gartens aber den Baum des Lebens und den Baum der Erkenntnis von Gut und Böse." *(Genesis 2,9)*

54 Stärke dein Selbstbewusstsein

Übung

Suche dir einen Raum, in dem du reichlich Platz hast und einige Schritte frei gehen kannst. Diesen Weg zu mehr Selbstbewusstsein kannst du auch im Freien üben.

- Nimm Kontakt zum Boden auf, gehe in die Aufrechte und betone deinen Ausatem.
- Gib etwas in den Knien nach und strecke deine Arme in Schulterhöhe parallel nach vorn. Die Handinnenflächen weisen nach oben.
- Setze dich in Bewegung und stelle dir dabei vor, ein Licht in deinen Händen zu tragen, auf das viele warten, oder das Olympische Feuer, um es ins vollbesetzte Stadion zu bringen.
- Gehe in diesem Sendungsbewusstsein erhobenen Hauptes durch den Raum und sei dir deiner wichtigen Aufgabe bewusst.
- Nach einer kurzen Pause, in der du deine Arme entlastest, solltest du diese Übung drei bis vier Mal wiederholen.

Wirkung

In der aufrechten Haltung wird deine dynamische Muskulatur entlastet. Indem du bewusst Kontakt zum Boden aufnimmst, erhöhen sich deine Standfestigkeit und dein Auftreten, was du auch beim Gehen nicht verlierst. Da du eine wichtige Aufgabe auszuführen hast, kannst du dich be-haupten, geradlinig deinen Weg gehen und dein Ziel erreichen. Durch diese Übung werden dein Selbstwertgefühl und dein Selbstbewusstsein gestärkt.

Religiöser Bezug

„Ihr seid das Licht der Welt. Eine Stadt, die auf einem Berg liegt, kann nicht verborgen bleiben. Man zündet auch nicht ein Licht an und stülpt ein Gefäß darüber, sondern man stellt es auf einen Leuchter; dann leuchtet es allen im Haus. So soll euer Licht vor den Menschen leuchten, damit sie eure guten Werke sehen und euren Vater im Himmel preisen." *(Matthäus 5,14–16)*

„Achte also darauf, dass in dir nicht Finsternis statt Licht ist. Wenn dein ganzer Körper von Licht erfüllt und nichts Finsteres in ihm ist, dann wird er so hell sein, wie wenn die Lampe dich mit ihrem Schein beleuchtet." *(Lukas 11,35–36)*

55 Entlaste dich

Übung

- Stelle dich aufrecht und spüre im Beckenraum deinen Leibmittelpunkt. Gib die Anspannung in den Oberschenkeln ab und versuche, dich durch deine Füße zu erden.
- Lenke deine Aufmerksamkeit in den Schultergürtel. Lockere deine Schultern und nimm sie etwas nach hinten.
- Umfasse mit der rechten Hand dein rechtes und mit der linken Hand dein linkes Schultergelenk.
- Beschreibe mit beiden Ellenbogen gleichzeitig große Kreise. Ziehe nun die Kreise mit deinen Ellenbogen in umgekehrter Richtung.
- Komm zur Ruhe, lass jedoch deine Hände weiter auf den Schultern.
- Stelle dir vor, von deinen Ellenbogen gingen zwei Lichtstrahlen aus, die auf den beiden Wänden seitlich von dir zwei Lichtpunkte bilden.
- Beschreibe nun durch die Kreisbewegungen der Ellenbogen große Lichtkreise auf diesen beiden seitlichen Wänden.
- Lass die Kreise kleiner werden, nimm den Lichtstrahl zurück und löse im Ausatmen die Hände von deinen Schultern.
- Spüre nach, ob im Schultergürtel eine Veränderung eingetreten ist. Wie empfindest du nun deinen Halswirbelbereich?

Wirkung

Nur weil die Mitte unbewegt bleibt, kann das Rad sich drehen. Du erfährst Freude an der Entfaltung deiner Bewegungsmöglichkeiten. Indem du in dieser Übung über dich selbst hinaus gehst und dabei den Schultergürtel und den Nackenbereich entlastest, schenkt sich dir eine erhöhte Vitalität und Sicherheit.

Religiöser Bezug

„Zur Freiheit hat uns Christus befreit. Bleibt daher fest und lasst euch nicht von neuem das Joch der Knechtschaft auflegen." *(Galaterbrief 5,1)*

„Dann wird sein Joch von ihnen genommen, und seine Last fällt von ihrer Schulter." *(Jesaja 14,25b)*

„Doch hältst du durch, so streifst du ab sein Joch von seinem Nacken." *(Genesis 27,40b)*

„Ich habe eure Jochstangen zerbrochen und euch wieder aufrecht gehen lassen." *(Levitikus 26,13b)*

56 Löse deine Halsstarrigkeit

Übung

- Setze dich, ohne deinen Rücken anzulehnen.
- Erspüre vom Becken aus deine Wirbelsäule und richte sie auf.
- Blicke in die Ferne. Gehe von den Halswirbeln in deinen Kopf und spüre ihn als Verlängerung der Wirbelsäule.
- Wende deinen Kopf nach rechts. Gehe etwas über die Dehn- und Schmerzgrenze hinaus. Schaue über die rechte Schulter nach hinten.
- Wende den Kopf nach links. Schaue über die Schulter so weit du kannst.
- Halte deinen Kopf aufrecht, schaue geradeaus ins Weite und atme alle Anspannung aus.
- Neige deinen Kopf nach rechts, umfasse ihn mit deinem rechten Arm, so dass die Fingerspitzen dein linkes Ohr berühren.
- Spüre im Ausatmen das Gewicht deines rechten Armes auf deinem Kopf und gehe noch ein wenig mehr in die Neigung nach rechts.
- Wiederhole die mit dem Ausatmen verbundene Kopfneigung zur linken Seite.
- Schließe die Augen und spüre bei senkrechter Kopfhaltung der Bewegung und ihrer Auswirkung lange nach.

Wirkung

Die freie Beweglichkeit deines Nackens ist sehr wichtig für die innere Entwicklung. Gerade im Hals- und Nackenbereich sammeln sich ungute Anspannungen, die häufig mit einer überzogenen Lebenshaltung in Verbindung stehen. Sie treten auch bei denjenigen auf, die sich ständig vor allem schützen wollen. Diese Übung bewirkt, das Brett loszulassen, das du eventuell zwischen den Schultern hast. Halsstarrigkeit schwindet, wenn du mehr und mehr den ganzen Bereich der Wirbelsäule vom oberen Ende bis zu dem Bereich zwischen den Schultern öffnest.

Religiöser Bezug

„Ihr Halsstarrigen, ihr, die ihr euch mit Herz und Ohr immerzu dem Heiligen Geist widersetzt, eure Väter schon und nun auch ihr." *(Apostelgeschichte 7,51)*

„Wer bei Tadel halsstarrig bleibt, wird plötzlich zerschmettert, und es gibt keine Heilung." *(Sprichwörter 29,1)*

„Wie erst ergeht es dem Einzelnen, der halsstarrig ist: Ein Wunder wäre es, wenn er straflos bliebe." *(Jesus Sirach 16,11a)*

57 Werde leistungsfähiger

Übung

- Setze dich bequem auf einen Stuhl – lehne dich jedoch nicht an. Rücken, Nacken und Kopf bilden eine gerade Linie. Die Augen kannst du schließen. Die Füße stehen fest auf dem Boden.
- Atme tief ein und nimm dabei die größtmögliche Menge Luft in dich auf.
- Strecke waagerecht seitlich deine Arme aus und führe sie dann langsam über deinem Kopf zusammen. Die Handflächen berühren sich.
- Halte in dieser Stellung für drei Sekunden den Atem an.
- Lass im langen Ausatmen die Arme seitlich sinken und entspanne dich.
- Breite nun beide Arme waagerecht parallel vor dir aus. Die Handflächen zeigen nach unten.
- Atme tief ein und schwinge die Arme auf gleicher Höhe zur Seite bis leicht hinter die Schultern zurück.
- Lass im langen Ausatemzug die Arme sinken und führe sie nach vorn zurück.
- Entspanne dich und wiederhole diese Übung drei Mal.

Wirkung

Hörst du auf zu atmen, hörst du auf zu leben. Diese Übung möchte uns – im Gegensatz zum gewöhnlichen Atmen – mehr Sauerstoff zukommen lassen, da wir nur einen kleinen Teil unserer Lungenkapazität nutzen. Je tiefer du ein- und ausatmest, umso mehr Energie wird deinem Körper zugeführt. Müdigkeit schwindet und du kannst deine Leistung aufrechterhalten oder steigern. Du fühlst dich gestärkt wie nach einem Spaziergang an der frischen Luft.

Religiöser Bezug

„Der Atem des Allmächtigen hat mir das Leben gegeben." *(Ijob 33,4b)*

„Geboren atmete ich die gemeinsame Luft, ich fiel auf die Erde, die Gleiches von allen erduldet, und Weinen war mein erster Laut wie bei allen." *(Weisheit 7,3)*

„Sendest du deinen Odem aus, so werden sie alle erschaffen, und du erneuerst das Antlitz der Erde." *(Psalm 104,30)*

58 Sprenge Grenzen

Übung

- Wähle einen ruhigen Raum, setze dich und schließe die Augen. Spüre deinen Körper – von den Füßen beginnend, die fest ihren Stand auf der Erde haben. Komme über das Becken und die Wirbelsäule zu deinem Kopf.
- Öffne in deiner Vorstellung das Scheiteldach und gehe über die Begrenzung deines Wohnhauses hinaus. Steige auf und nimm die Landschaft unter dir wahr, dann das Land, in dem du dich befindest und Deutschland, im Herzen Europas.
- Deine Perspektive wird größer: Du siehst die einzelnen osteuropäischen Länder, die südlichen Länder, dann die westeuropäischen und nordeuropäischen.
- Gehe über den Atlantik auf den nord- und südamerikanischen Kontinent, dann nach Afrika. Wende dich von Afrika Asien zu, dann Australien.
- Du siehst das Meer zwischen den Kontinenten und erlebst die Erde als Kugel. Spüre die Bahn der Erde um die Sonne, den Mond, die Sterne und alle Planeten.
- Stelle dir die Milchstraße vor, unsere Galaxie, dann den Andromeda-Nebel – und komme über viele andere Galaxien zum gesamten Universum.
- Rufe den Schöpfer an, der unsichtbar in und hinter seiner Schöpfung verborgen ist.
- Komme dann nach einigen Minuten Stille zurück in deine Gegenwart. Spüre deinen Körper, bewege die Hände und Füße und öffne deine Augen.

Wirkung

Du nimmst dich als Teil der gesamten Schöpfung wahr. Da du deine eigenen Grenzen verlässt und alles aus einer höheren Perspektive siehst, stehen für diese Zeit deine Belange und Sorgen nicht mehr im Mittelpunkt. Kehrst du zu dir zurück, verfügst du über größeren Weit- und Über-Blick sowie die Fähigkeit, Engstirnigkeit und Verbohrtheit abzulegen. Du bist in der Lage, dein Leben anders anzugehen, nicht in allem Probleme zu sehen und wirkliche Probleme souverän zu lösen.

Religiöser Bezug

„Er verlieh mir untrügliche Kenntnis der Dinge, so dass ich den Aufbau des Weltalls und das Wirken der Elemente verstehe." *(Weisheit 7,17)*

„Nun lobt den Herrn, den Gott des Weltalls, der Wunderbares auf der Erde vollbringt, der einen Menschen erhöht vom Mutterschoß an und an ihm handelt nach seinem Gefallen." *(Jesus Sirach 50,22)*

„Er (der Sohn) ist der Abglanz seiner Herrlichkeit und das Abbild seines Wesens; er trägt das All durch sein machtvolles Wort." *(Hebräerbrief 1,3a)*

59 Lass Dampf ab

Übung

Der Sauerstoff in der Luft ist der Lebensquell unseres Körpers.

- Achte darauf, dass im Stehen Wirbelsäule, Nacken und Kopf eine gerade Linie bilden. Richte deinen Blick in die Weite.

- Erspüre von deinen Füßen aus die Erde unter dir und von deinem Kopf aus den Himmel über dir.

- Mach dir bewusst, wie du dazu beiträgst, die gebrochene Schöpfungsordnung wiederherzustellen: Verbinde die Erde mit dem Himmel.

- Versuche mit der Gegenwart in Berührung zu kommen und in ihr zu verweilen.

- Hole tief Luft durch die Nase und atme durch den Mund aus.

- Spüre das Zwerchfell, den großen Mittler tiefen Atems, und lass es zu, dass sich beim Einatmen die Bauchdecke hebt und beim Ausatmen senkt. Das Tempo dieser bewussten Atmung liegt bei dir.

- Atme nun auf die Silbe „SU" aus und halte den Ton so lange an, bis du die letzte verbrauchte Luft abgegeben hast.

- Versuche noch drei Mal, beim langen Ausatmen die Silbe „SU" zum Schwingen zu bringen. Lass die Übung lange in dir nachklingen.

Wirkung

Wenn du bewusst und damit auch tief atmest, gewinnst du mehr Freiheit und Lebendigkeit. Indem du alle Luft über den Laut „SU" ausdrückst, verstärkst du die Sauerstoffzufuhr für deinen Körper. Durch die Anreicherung mit Sauerstoff wird das Blut gereinigt. „SU" bedeutet für die Chinesen das Universum, das All. Aus ihm empfangen wir Neues, wenn wir Verbrauchtes abgeben. Von diesem Wechsel werden wir ständig bewegt.

Religiöser Bezug

„Gott der Väter und der Herr des Erbarmens, du hast das All durch dein Wort erschaffen." *(Weisheit 9,1)*

„Er (Christus) ist der Abglanz seiner (Gottes) Herrlichkeit und das Abbild seines Wesens; er trägt das All durch sein machtvolles Wort." *(Hebräerbrief 1,3a)*

Machtvoll entfaltet sie (die Weisheit) ihre Kraft von einem Ende zum andern und durchwaltet voll Güte das All." *(Weisheit 8,1)*

… Fördere dein Leistungsvermögen

60 Biete die Stirn

Übung

- Spüre im bewussten Sitzen dein Becken, in dem sich die verschiedensten Kräfte sammeln.

- Steige von der Wurzel der Wirbelsäule mit dem Lebensstrom langsam aufwärts: die Wirbelsäule entlang über die Lenden- und Brustwirbel zu den Halswirbeln, zum Atlas und darüber hinaus in das Innere deines Kopfes.

- Es kann sein, dass der Übergang in die Kopfregion schwierig für dich ist. Fühle dich dann bewusst noch einmal ein und stütze diesen Übergang.

- Gehe mit deiner Aufmerksamkeit in die höchste Erhebung deines Kopfes – in das Scheiteldach.

- Steige über den vorderen Schädel zur Stirn hinab bis zur Mitte. Fühle den Stirnpunkt, dein so genanntes drittes Auge.

- Verweile einige Zeit in diesem Zentrum hoher Wirkkraft.

- Gehe nun den gleichen Weg, auf dem du gekommen bist, zurück: über den Scheitelpunkt zu den Halswirbeln, über die Wirbelsäule zum Becken und weiter über die Beine zu den Füßen. Gib durch sie den Lebensstrom an die Erde ab.

Wirkung

Die Stirnmitte ist psychologisch und physiologisch ein Ort der Konzentration. Wenn du sie berührst und länger in dieser Mitte einfühlend verweilst, wirst du dich im Alltag besser behaupten können, bei Erschöpfung neue Kraft gewinnen und dich bei wichtigen Aufgaben besser konzentrieren. Die Auswirkungen sind von Mensch zu Mensch verschieden. Sie reichen von einem neuen Kopf-Empfinden über beglückende Freiheit bis zu einem kühlen oder heißen Kopf.

Religiöser Bezug

„Er (David) griff in seine Hirtentasche, nahm einen Stein heraus, schleuderte ihn ab und traf den Philister an der Stirn. Der Stein drang in die Stirn ein, und der Philister fiel mit dem Gesicht zu Boden." *(1 Samuel 17,49)*

„Zeichne ein Kreuz auf die Stirn aller Männer, die über in der Stadt begangene Greueltaten seufzen und stöhnen." *(Ezechiel 9,4b)*

„Sie werden sein Angesicht schauen, und sein Name ist auf ihre Stirn geschrieben." *(Offenbarung 22,4)*

61 Schöpfe neue Energie

Übung

- Stelle dich morgens mit dem Gesicht nach Osten und abends nach Westen.
- Strecke beide Arme in Schulterhöhe nach vorn. Dabei soll die ausgestreckte rechte Handfläche nach oben zeigen und die linke nach unten.
- Balle beide Hände zu Fäusten und öffne sie wieder.
- Wiederhole das Hand-Ausstrecken und Faust-Machen zehn Mal schnell hintereinander.
- Wechsele die Stellung der Handflächen: Die rechte zeigt nach unten und die linke nach oben.
- Nach zehnmaliger Wiederholung gehe erneut in die erste Stellung.
- Bleibe in deinem Rhythmus und wechsle sieben Mal.
- Lass die Arme sinken, atme tief. Spüre die Energie in Händen und Armen und lass sie in deinem Körper weiterfließen.

Wirkung

Durch die rhythmischen Bewegungen der Hände und Arme gewinnst du in kürzester Zeit neue Energie, so dass du dich erfrischt und „energischer" fühlst. Anfangs werden die Hände schnell müde, doch mit der Zeit der Übung gibt sich dies. Du überwindest Trägheit, förderst Wachheit und gewinnst Konzentration. Wenn dein Energie-Niveau niedrig ist, schöpfst du spontan neue Kraft.

Religiöser Bezug

„Solange Mose seine Arme hochhielt, war Israel stärker; sooft er aber seine Arme sinken ließ, war Amalek stärker. Als dem Mose die Arme schwer wurden, stützten Aaron und Hur seine Arme, der eine rechts, der andere links, so dass seine Hände erhoben blieben, bis die Sonne unterging."
(Exodus 17,11–12)

„Nicht auf Worten beruht das Reich Gottes, sondern auf Kraft." *(1. Korintherbrief 4,20)*

„Deine Kraft ist die Grundlage deiner Gerechtigkeit." *(Weisheit 12,16)*

62 Tanke auf

Übung

- Stelle dich aufrecht und schließe die Augen. Gehe der Schwerkraft deines Körpers nach und spüre die Erde unter deinen Füßen.

- Gönne deinen Augen und Ohren eine Ruhepause und wende dich mit deiner Aufmerksamkeit nach innen.

- Lass von deinen Fußsohlen aus Wurzeln in den Boden wachsen – tief und verzweigt. Spüre, dass du mit der Erde verwachsen und ein Teil von ihr bist.

- Gehe tief in die Erde hinunter zu den feinsten Wurzelenden, den Haarwurzeln, und nimm von dort so viel Energie in dich auf wie es dir eben möglich ist.

- Lass diese Energie durch deine Füße in die Beine strömen. Gib in den Knien nach, damit die Energie besser in dir hochströmen kann.

- Der Lebensstrom durchflutet dein Becken, steigt die Wirbelsäule hinauf und fließt durch deinen Leib, Arme, Hände, durchströmt deine Kehle und den Kopf.

- Fühle die Energie von der Erde, dem Wurzelwerk, aufsteigen bis zum Scheitel.

- Bist du erschöpft, ausgelaugt und kraftlos, kannst du dir neue Lebensenergie aus der Erde holen, die du durch deine Füße in den Körper strömen lässt.

Wirkung

Wenn dein Energieniveau zu niedrig ist, kannst du es in sehr kurzer Zeit durch diese Vorstellungsübung wieder auffüllen. Da immer genügend Energie zur Verfügung steht, brauchst du dir nur die Zeit für diese Übung zu nehmen, um wieder aufzutanken. Du öffnest dich nicht nur den heilbringenden Kräften der Erde, sondern auch denen des Himmels.

Religiöser Bezug

„In künftigen Tagen schlägt Jakob wieder Wurzel, Israel blüht und gedeiht, und der Erdkreis füllt sich mit Früchten."
(Jesaja 27,6)

„Wenn die Wurzel heilig ist, dann sind es auch die Zweige. Nicht du trägst die Wurzel, sondern die Wurzel trägt dich."
(Römerbrief 11,16b.18b)

„Die Wurzel des Frevlers stößt auf Felsgestein."
(Jesus Sirach 40,15)

63 Gewinne Kraft und neue Lebensenergie

Übung

Zu dieser Übung, die ungefähr zehn Minuten dauert, kannst du eine für dich Ruhe ausstrahlende Musik einschalten.

- Setze oder lege dich bequem. Schließe die Augen. Du musst nichts leisten. Lass die Gedanken kommen und gehen – hänge ihnen jedoch nicht nach.
- Gehe mit deinem Bewusstsein in deinen Körper und nimm ihn wahr. Beginne bei deinen Füßen und steige auf bis in den Kopf.
- Stelle dir einen Ort vor, an dem du dich wohlfühlst und dich gut entspannen kannst. Wähle diesen Ort aus deiner Fantasie oder deiner Erinnerung.
- Nimm die Bilder an, die in dir aufsteigen. Achte auf die Geräusche, die Gerüche, die Farben … und genieße diese Zeit. Nimm von der Energie und Ruhe dieses Ortes so viel wie möglich in dich auf.
- Beende die Übung in folgender Reihenfolge: Halte die Augen geschlossen, atme tiefer aus und ein und lasse beim Ausatmen neue Lebensenergie in deinen Körper strömen. Balle deine Hände zu Fäusten und öffne sie wieder. Beuge deine Arme in den Ellenbogen und recke und strecke dich dabei.
- Öffne die Augen und lasse dir Zeit, in deiner Gegenwart richtig anzukommen.

Wirkung

Besonders in belasteten Zeiten kannst du dir dank der Erinnerung Hoch-Zeiten vorstellen. Wenn du dich innerlich an den entsprechenden Ort begibst, gewinnst du Ruhe und neue Lebensenergie, um deine augenblickliche Lebenssituation besser zu meistern. Du weißt, dass du jederzeit an diesen Ort der Ruhe und der Kraft zurückkehren kannst.
Du solltest die Übung nicht nur in Krisenzeiten anwenden, sondern sie häufiger wiederholen, um Krisenzeiten zu vermeiden.

Religiöser Bezug

Die traurigen und allein gelassenen Jünger gehen nach dem Tod Jesu nach Galiläa und erleben innerlich noch einmal zusammen mit dem Auferstandenen den galiläischen Frühling. Der Engel sagte zu den Frauen am leeren Grab:
„Geht schnell zu seinen Jüngern und sagt ihnen: Er ist von den Toten auferstanden. Er geht euch voraus nach Galiläa, dort werdet ihr ihn sehen." *(Matthäus 28,7)*

„Erinnert euch an das, was er euch gesagt hat, als er noch in Galiläa war." *(Lukas 24,6)*

64 Wachse über dich hinaus

Übung

- Gehe in die Standstellung. Nimm mit deinen Füßen Kontakt zum Boden auf.
- Atme etwas tiefer aus und ein. Achte darauf, viel verbrauchte Luft auszuatmen.
- Gehe nochmals mit deiner Aufmerksamkeit in deine Füße und verankere sie fest im Boden.
- Mache bei einem der nächsten Einatemzüge zwei kräftige Fäuste, richte dich auf und stelle dich auf deine Zehen.
- Im längeren Ausatemzug löse langsam deine Fäuste, strecke die Finger aus und stelle dich wieder fest auf deine Füße.
- Du kannst diese Übung erweitern, indem du beim Einatmen deine Schultern so weit wie möglich hochziehst und sie beim Ausatmen wieder fallen lässt.
- Wiederhole die Übung fünf bis sieben Mal. Lass sie lange nachklingen.

Wirkung

Wenn du im Ausatmen in die Standstellung zurückgehst, erfährst du erhöhte Sicherheit. Du wirst sensibilisiert und nimmst den Unterschied zwischen Anspannung und Entspannung leichter wahr. Bist du stets auf dem Sprung, musst du dich ständig verteidigen oder gar angreifen, so sind dieses Ursachen von Verspannungen. Die dauernde Anspannung verbraucht viel Energie und lässt auch kein freies Fließen der Energie zu. Du wirst beim Üben die Erfahrung machen: Entspannung fordert keine Anstrengung; sie lässt dich sogar über dich hinauswachsen.

Religiöser Bezug

„Der Gerechte wächst hoch wie die Zedern des Libanon." *(Psalm 92,13b)*

„Wir haben die Hoffnung, wenn euer Glaube wächst, vor euren Augen über das uns gesetzte Maß weit hinaus zu wachsen." *(2. Korintherbrief 10,15)*

„Ihr sollt wachsen in der Erkenntnis Gottes." *(Kolosserbrief 1,10b)*

Verbessere deine Beziehung zu anderen

Verbessere deine Beziehung zu anderen

65 Sei gegenwärtig

Übung

- Mach es dir im Sitzen bequem, schließe die Augen und gehe mit deiner ganzen Aufmerksamkeit in die Atmung.
- Spüre, wie sich beim Ausatmen die Bauchdecke senkt und sich beim Einatmen hebt.
- Nimm die Temperatur der Luft wahr, die du einatmest, und spüre den warmen Ausatem. Achte darauf, möglichst viel verbrauchte Luft auszuatmen.
- Geht deine Aufmerksamkeit, die du ganz auf deinen Atemrhythmus gerichtet hast, verloren, sammle dich erneut und beginne von vorn.
- Sei gegenwärtig in der Ebbe und Flut deines Atmens und nimm den Augenblick des Stillstands zwischen dem Ein- und Ausatmen wahr.
- Gedanken und Gefühle kommen und gehen von selbst – mische dich nicht ein.
- Lass die Bilder, die in dir aufsteigen möchten, zu. Halte sie jedoch nicht fest.
- Öffne den Geräuschen, die dich eventuell umgeben, dein Ohr.
- Tue nichts – lass nur zu. Du bist Beobachter und nimmst den Augenblick wahr.
- Öffne die Augen und prüfe, ob du nun mehr als vorher in der Gegenwart präsent bist.

Wirkung

Da wir uns allzu oft in der Vergangenheit oder Zukunft aufhalten, verlieren wir leicht den Kontakt zur Gegenwart. Mit dieser Übung ist es dir möglich, deine eigene aktuelle Wirklichkeit stärker wahrzunehmen. Du bekommst einen größeren Bezug zum Augenblick, beobachtest besser, bist spontaner und flexibler. Wenn du in der Gegenwart präsent bist, wirst du die Situation richtig erfassen können, um entsprechend zu handeln.

Religiöser Bezug

„Versage dir die Freude des Augenblicks nicht; an der Lust, die dir zusteht, geh nicht vorbei!" *(Jesus Sirach 14,14)*

„Derselbe, der herabstieg, ist auch hinaufgestiegen bis zum höchsten Himmel, um alles mit seiner Gegenwart zu erfüllen." *(Epheserbrief 4,10)*

Verbessere deine Beziehung zu anderen

66 Öffne dein Bewusstsein

Übung

Diese sehr wichtige Übung kannst du im Sitzen wie auch im Stehen ausführen.

- Nimm mit deinen Füßen Kontakt zum Boden auf – mit der Erde, die dich trägt.

- Sei ganz in deinem Körper anwesend und spüre – von den Füßen beginnend – deine Knie, das Becken, die Wirbelsäule, den Schultergürtel, deinen Hals und den Kopf.

- Gehe in die Aufrechte und nimm deinen Kopf als Verlängerung der Wirbelsäule wahr.

- Öffne in deiner Vorstellung dein Scheiteldach, so wie die Fontanelle bei einem Säugling geöffnet ist. Denke an einen Trichter, der immer weiter und breiter wird.

- Spüre die Luft über dir, die Decke und das Dach des Hauses. Gehe weiter und stelle dir das Universum vor, dessen Teil du bist.

- In dieser Öffnung auf das Unendliche hin kannst du darum bitten, dass der Wille Gottes an dir geschehe – oder einfach nur einige Minuten schweigen.

- Komme langsam zurück in deinen Körper und aktiviere ihn, indem du bewusst tiefer aus- und einatmest. Reibe kräftig deine Hände – so als ob du sie waschen wolltest.

Wirkung

Du sprengst Grenzen und Vorurteile, die dich gefangen halten. Deine Sichtweise und dein Bewusstsein weiten sich, so dass du dir und anderen gegenüber toleranter wirst. Du fühlst dich als Teil der Schöpfung und trittst - ohne dass dein Ego störend im Mittelpunkt steht - mit Wesentlichem in Verbindung. Der Schöpfer, der in dir anwesend sein möchte, kann dir in dieser Offenheit seinen Willen und seine Liebe kundtun.

Religiöser Bezug

„Da brachten einige Männer einen Gelähmten auf einer Tragbahre. Sie wollten ihn ins Haus bringen und vor Jesus hinlegen. Weil es ihnen aber wegen der vielen Leute nicht möglich war, ihn hineinzubringen, stiegen sie aufs Dach, deckten die Ziegel ab und ließen ihn auf seiner Tragbahre in die Mitte des Raumes hinunter, genau vor Jesus hin."
(Lukas 5,18–19)

67 Sage Ja oder Nein

Übung

- Setze dich bequem und spüre deinen Kopf aufrecht als Verlängerung der Wirbelsäule.
- Führe dein Kinn hinunter bis zur Brust.
- Hebe langsam wieder den Kopf und lege ihn zurück in den Nacken.
- Wiederhole diese *Ja-Bewegung* des Kopfes einige Male.
- Gehe in die Ausgangsstellung und halte deinen Kopf aufrecht.
- Atme aus und spüre der Bewegung für einen Augenblick nach.
- Bewege jetzt – wiederum langsam – deinen Kopf so weit nach rechts, bis du die Dehn- und Schmerzgrenze erreichst. Gehe, wenn es dir möglich ist, noch ein wenig darüber hinaus.
- Drehe nun deinen Kopf über die Mitte nach links und wieder etwas über die Dehn- und Schmerzgrenze hinaus.
- Wiederhole langsam diese *Nein-Bewegung* des Kopfes einige Male.
- Lass die Bewegung deines Kopfes in der Ausgangsstellung zur Ruhe kommen und atme bewusst etwas tiefer aus und ein.

Wirkung

Du empfindest eine angenehme Lockerheit der Hals- und Nackenwirbel. Halsstarrigkeit und Hartnäckigkeit beginnen sich zu lösen.
Mit dieser Übung werden auch Vorurteile abgebaut, so dass sich dir ein weiterer Horizont öffnet.

Religiöser Bezug

„Euer Ja sei ein Ja, euer Nein ein Nein, alles andere stammt vom Bösen." *(Matthäus 5,37)*

„Sprecht euch aus und entscheidet euch hier."
(Richter 20,7b)

„Du sollst entscheiden und nicht ich; was du weißt, das sage an." *(Ijob 34,33b)*

„Mach einen Plan, triff eine Entscheidung!"
(Jesaja 16,3a)

68 Sei achtsam

Übung

- Lege dich mit dem Rücken auf den Boden und nimm – mit den Fersen beginnend – die Stellen deines Körpers wahr, die Bodenkontakt haben.

- Strecke beim Einatmen deinen rechten Arm nach oben, senkrecht zum Körper.

- Die Fingerspitzen deiner geöffneten Hand zeigen nach oben. Stelle dir nun eine Verlängerung deiner Fingerspitzen bis zur Decke des Raumes vor.

- Lege deine ganze Aufmerksamkeit in deinen rechten Arm und die rechte Hand.

- Senke beim Ausatmen den Arm langsam nach unten – achtsam, so als ob du ein Luftkissen verdrängen wolltest.

- Lege den Arm parallel zum Körper und spüre, ob du einen Unterschied zwischen dem rechten und linken Arm wahrnimmst.

- Wiederhole diese Übung zur Achtsamkeit mit dem linken Arm und bleibe in Bewegung, damit keine Erstarrung eintritt.

Wirkung

Du erlebst in den Armen einen erhöhten Spannungszustand - andererseits spürst du in der Ruhephase, dass in deinem Körper eine niedrigere Spannung gleichmäßig und dauerhaft verteilt ist. Überspannungen im Schulter- und Nackenbereich werden gelöst und die Beweglichkeit deiner Schultergelenke verbessert sich. Du lernst durch diese Übung zur Achtsamkeit, besseren Kontakt zum Raum aufzunehmen, indem du die Strahlungszone über der sichtbaren Begrenzung deines Körpers wahrnimmst. Deine Körperdynamik steigert sich und du erfährst erhöhte Kontaktfähigkeit zu anderen.

Religiöser Bezug

„Bei all deinem Tun hab Acht auf dich selbst; denn wer dies tut, beachtet das Gebot." *(Jesus Sirach 32,23)*

„Hab Acht, nachdem du die Seele betrachtet hast, auf den Bau des Körpers und staune, dass ihn der beste Werkmeister zu einer so passenden Wohnung für die vernünftige Seele eingerichtet hat." *(Basilius der Große, 2. Rede, 8)*

„Achtlosigkeit löscht die Aufmerksamkeit des Geistes aus wie Wasser das Feuer." *(Hesychios der Sinait)*

69 Löse dich von Verbissenheit

Übung

Da wir immer wieder allzu schnell verkrampfen und zur Verbissenheit neigen, solltest du diese Übung häufig ausführen.

- Hebe deinen Kopf, so als ob du in die Ferne schauen wolltest.
- Öffne den Mund, lockere und löse gleichzeitig den Unterkiefer.
- Lass ihn nach unten fallen und gib damit alle Verbissenheit ab.

Die Übung kannst du auf folgende Weise verstärken:

- Öffne den Mund und nimm deine Zunge so weit nach hinten in den Rachenraum wie eben möglich.
- Lass ein Gähnen zu, das sich jetzt unweigerlich einstellt.
- Lege einen Ton in die Ausatmung und genieße die durch das Gähnen ausgelöste Entspannung.
- Wiederhole diese „ansteckende" Übung fünf bis sechs Mal.

Wirkung

Dir wird deine Verbissenheit bewusst und du merkst, wie du sie auf diese einfache Weise abgibst. Da Mund-, Schlund- und Rachenraum mit dem Beckenraum in enger Verbindung stehen, gibst du nicht nur Verbissenheit ab und löst die Verkrampfungen deiner Gesichtsmuskulatur, sondern es lösen sich auch Anspannungen der Organe deines Beckenraumes. Du fühlst dich durch und durch erfrischt und gehst mit anderen Augen auf deine Mitmenschen zu.

Religiöser Bezug

„Ermahnt euch vielmehr gegenseitig Tag für Tag, solange jenes Heute ausgerufen wird, damit nicht einer von euch, von der Sünde betrogen, jener Verhärtung anheim fällt."
(Hebräerbrief 3,13)

„Begreift und versteht ihr immer noch nicht? Ist denn euer Herz so verhärtet?" *(Markus 8,17b)*

70 Atme dich frei

Übung

Hier findest du einen Weg, bewusster und besser zu atmen, um freier und lebendiger zu werden.

- Lege dich mit dem Rücken auf den Boden und erspüre - von den Fersen aufwärts -, an welchen Stellen dein Körper den Boden berührt.
- Schließe die Augen und nimm wahr, wie sie sich im Dunklen entspannen.
- Verändere noch einmal deine Grundlage, damit du bequem liegst.
- Lege nun die Hände flach auf deinen Leib unterhalb des Bauchnabels, so dass sich die Fingerspitzen der Zeige- und Mittelfinger berühren.
- Nimm den Atem tiefer in dich hinein und spüre, wie sich beim Ausatmen die Bauchdecke senkt und sich beim Einatmen hebt und ausdehnt.
- Atme nun stoßweise in kurzen Atemzügen durch die Nase aus und ein (wie das Schnüffeln eines Hundes).
- Beende das schnelle Atmen, spüre deinen Körper und nimm vornehmlich durch deine Hände wahr, wie es in dir atmet.
- Atme aus, damit „es" in dir atmen kann.

Wirkung

Diese Übung zur Achtsamkeit hilft dir, eine gute Balance zwischen Körper und Geist herzustellen und dabei Ruhe und Sammlung zu finden. Du fühlst dich anschließend stabiler und weniger verletzlich, da du besseren Kontakt zu deiner Mitte gefunden hast - sowohl körperlich als auch seelisch. Der Kontakt zu anderen Menschen wird tiefer, da du ihnen größere Aufmerksamkeit schenken kannst.

Religiöser Bezug

„Achte auf dich selbst und auf die Lehre; halte daran fest! Wenn du das tust, rettest du dich und alle, die auf dich hören." *(1. Timotheusbrief 4,16)*

„Ich will auf meine Wege achten, damit ich nicht sündige mit meiner Zunge." *(Psalm 39,2a)*

„Bei all deinem Tun hab Acht auf dich selbst; denn wer dies tut, beachtet das Gebot." *(Jesus Sirach 32,23)*

71 Öffne deine Hände

Übung

- Gehe mit deiner Aufmerksamkeit in beide Hände und spüre sie.
- Öffne während des Ausatmens deine Hände und entspanne dich.
- Mach bei einem der nächsten Einatemzüge zwei kräftige Fäuste und spanne dich dabei an.
- Öffne die Hände wieder und lege alle Anspannung in den Ausatem.
- Lass es zu, wenn das Sich-Öffnen wehtut.
- Wiederhole diese Übung mehrmals am Tag – jeweils acht bis zehn Mal.

Wirkung

Durch bewusst erzeugte Anspannung und die darauf folgende Entspannung erfährst du deine gesunde Mitte. Deine Faust zeigt, dass du – wenn es notwendig ist – ein klares Nein sagen und deinen Willen ausdrücken kannst. Die Haltung der Hand offenbart Eigenschaften unserer Seele.
Die geöffnete Hand – im Gegensatz zur Faust – ist ein Zeichen des „Aushändigens". Die Bibel nennt es „Hingabe". Du solltest darauf achten, wem du dich „aushändigst", denn du weißt vorher nicht, was du dir einhandelst.

Religiöser Bezug

„Jesus sagte zu ihnen: Der Menschensohn wird in die Hände der Menschen ausgeliefert werden." *(Matthäus 17,22)*

„Öffnest du deine Hand, werden sie satt an Gutem." *(Psalm 104,28b)*

„Ihr aber, seid stark! Eure Hände sollen nicht erschlaffen; denn euer Tun wird seinen Lohn finden." *(2 Chronik 15,7)*

„Rette mich, Herr, mit deiner Hand vor diesen Leuten, vor denen, die im Leben schon alles haben." *(Psalm 17,14)*

72 Empfange und gib weiter

Übung

- Stelle dich aufrecht und spüre den Kontakt zum Boden. Lote deinen Stand aus.
- Gib in den Knien nach und gehe mit der Aufmerksamkeit in deine Hände.
- Beuge deine Knie und führe beide Hände in Bodenhöhe zusammen wie eine geöffnete Schale. Berühre dabei mit den Händen leicht den Boden, als ob du Wasser schöpfen wolltest.
- Richte dich langsam auf und bringe die Schale deiner Hände mit ausgestreckten Armen über deinen Kopf.
- Löse die Hände und führe die Arme – einen Kreis beschreibend – weit ausgestreckt nach unten.
- Gehe erneut in die Knie und bringe Arme und Hände zum Wasserschöpfen wieder zusammen.
- Atme beim Abgeben aus und beim Annehmen ein.
- Wiederhole diese Übung sechs bis acht Mal.

Wirkung

Abgeben und Annehmen gehören zusammen. Einseitigkeit führt einerseits zur Verausgabung und andererseits zur Belastung oder gar Erstickung. Im Abgeben wächst du über dich selbst hinaus. Im Annehmen, bei dem du dich öffnen musst, nimmst du eine demütige Haltung an. Wenn du Empfangenes nicht weiterschenkst, wirst du körperlich wie auch seelisch krank.

Diese Übung zeigt deutlich unsere Aufgabe, die gebrochene Schöpfungsordnung wiederherzustellen und das Himmlische mit der Erde zu verbinden, das heißt, den Himmel auf die Erde zu holen.

Religiöser Bezug

„Der Engel des Herrn rief Abraham und sprach: Ich habe bei mir geschworen - Spruch des Herrn: Weil du das getan hast und deinen einzigen Sohn mir nicht vorenthalten hast, will ich dir Segen schenken in Fülle." *(Genesis 22,15–17a)*

„Darum nehmt einander an, wie auch Christus uns angenommen hat, zur Ehre Gottes." *(Römerbrief 15,7)*

# 73 Werde großzügig

Übung

- Deine Ausgangshaltung ist gestreckt, das heißt, du stehst mit leicht gespreizten Beinen fest auf dem Boden und nimmst die Arme senkrecht hoch. Auch deine Finger sind gestreckt – sie weisen über dich hinaus.
- Versuche in die Wolken zu greifen.
- Ziehe von den Wolken einen weiten Bogen mit den Armen über das Firmament in Richtung Erde. Die Knie sind durchgedrückt und die Arme gestreckt.
- Berühre in deiner Vorstellung den Horizont mit deinen Händen.
- Setze die Bewegung fort bis in den Erdmittelpunkt. Beuge dich dabei so weit wie möglich nach vorn. Lass deine Fingerspitzen in diese Richtung zeigen oder sogar die Erde berühren.
- Gehe in die Ausgangsstellung zurück und wiederhole diese Übung drei Mal.

Wirkung

Die Bewegung löst verstärkte Dehnungsreflexe in den Aufrichtemuskeln aus. Dabei kann es zu einem leichten Dehnungsschmerz kommen, den es auszuhalten gilt, bis die Übung beendet ist. Durch das Strecken - du weist dabei über dich hinaus - wird wie von selbst deine Atmung intensiviert, und du gewinnst eine größere Wachheit. Wenn du durch die scheinbare Verlängerung deiner Arme den großen weiten Bogen nach unten bis zum Erdmittelpunkt beschreibst, empfindest du ein Offenerwerden, ein Weiterwerden. Du fühlst dich nach der Übung aktiver, gegenwärtiger und stärker auf die Umwelt bezogen.

Religiöser Bezug

„Schau den Regenbogen an und preise seinen Schöpfer; denn überaus schön und herrlich ist er. Über den Himmelskreis erstreckt er sich in seiner Pracht, Gottes Hand hat ihn machtvoll ausgespannt." *(Jesus Sirach 43,11–12)*

„Ein anderer gewaltiger Engel kam aus dem Himmel herab; er war von einer Wolke umhüllt, und der Regenbogen stand über seinem Haupt." *(Offenbarung 10,1a)*

74 Hab Mut wie ein Löwe

Übung

Diese „Löwenübung" macht nicht nur Spaß. Sie hat auch viele Vorzüge.
Führe die Übung möglichst nicht im Beisein anderer aus.

- Setze dich bequem und achte darauf, dass Rücken, Nacken und Kopf eine gerade Linie bilden.

- Atme ein, balle deine Hände zu Fäusten und führe sie vor deine Brust.

- Atme in einer einzigen Bewegung aus. Strecke dabei deine Arme nach vorn und forme deine Finger zu Krallen.

- Strecke gleichzeitig deine Zunge so weit aus wie es dir eben möglich ist und öffne deine Augen weit.

- Bleibe einige Sekunden in dieser Stellung. Dränge alle Anspannung über die Fingerspitzen, die Zunge und die Augen hinaus.

- Sobald du spürst, wie Hitze in dein Gesicht steigt, beende die „Löwenübung" und entspanne dich.

- Es ist ratsam, diese Übung ein zweites Mal durchzuführen.

Wirkung

Die Löwen-Haltung dient in hervorragender Weise dem Abbau von Verspannungen. Sie führt den Gesichtsmuskeln zusätzliches Blut zu, strafft die Haut und reduziert Faltenbildung um die Augen und auf der Stirn. Auf spielerische Weise können unausgelebte Aggressionen freigesetzt werden.
Das kräftige Ausstrecken der Zunge hilft zusätzlich gegen Halsschmerzen. Giftstoffe im Halsbereich werden ausgedrückt.

Religiöser Bezug

„Der Gerechte ist unerschrocken wie ein Löwe."
(Sprichwörter 28,1b)

„Er (Judas) glich in seinen Taten einem Löwen."
(1 Makkabäer 3,4a)

„Mit Löwenmut stürzten sie sich auf die Feinde."
(2 Makkabäer 11,11a)

75 Intensiviere deine Ausstrahlungskraft

Übung

- Lege dich auf den Rücken – die Arme gestreckt, die Handflächen am Boden. Ziehe deine Beine an, so dass die Fersen das Gesäß berühren.
- Verwurzle dich von deinen Füßen und Händen aus in den Boden.
- Verlängere die aufrechte Linie deines rechten Oberschenkels durch das Knie geradlinig zur Decke. Ziehe nun die Gerade von deinem linken Oberschenkel nach oben.
- Sende durch deine Knie zwei Lichtstrahlen und stelle dir die zwei Lichtpunkte an der Decke vor. Lege deine Hände in die Leistengegend.
- Führe dein rechtes Knie nach rechts. Der rechte Lichtpunkt wandert mit über die Wand so weit zum Boden wie es eben möglich ist.
- Gehe langsam zurück in die Ausgangsstellung und wiederhole diese Vorstellungsübung mit dem linken Bein.
- Lass nun beide Lichtpunkte gemeinsam die Wand herunterwandern – zuerst die rechte, dann die linke Wand.
- Öffne dich in der Leistengegend und führe das rechte Knie nach rechts und das linke nach links, bis beide Fußsohlen sich berühren. Wenn du diese Bewegung mit dem Ausatmen vollziehst, wird sie leichter.
- Gehe in die Ausgangsstellung, hole die Lichtstrahlen zurück und strecke deine Beine aus – die Fersen gleiten über den Boden.

Wirkung

Oft verspannen wir uns, weil wir wichtige Impulse nicht ausdrücken.
Der Mensch wird das, was er sein soll, nicht von selbst. Er bedarf der Übung und der Verarbeitung von Erfahrungen. Indem du in dieser Übung bewusst über dich hinausgehst, beziehst du den Raum um dich mit ein. Um ausstrahlen zu können, ist es notwendig, dich zu öffnen. Sich öffnen jedoch tut manchmal weh, da man so lange verschlossen war.

Religiöser Bezug

„Meine Hand öffnete ihre (der Weisheit) Tore, und ich nahm sie leibhaftig wahr." *(Jesus Sirach 51,20a)*

„Herr, öffne ihnen die Augen, damit sie sehen. Der Herr öffnete ihnen die Augen und sie sahen, dass sie mitten in Samaria waren." *(2 Könige 6,20)*

„Öffne mir die Augen für das Wunderbare an deiner Weisung! Ich eile voran auf dem Weg deiner Gebote, denn mein Herz machst du weit." *(Psalm 119,18.32)*

76 Werde umsichtiger

Übung

Da sich immer und immer wieder Halsstarrigkeit und überzogene Hartnäckigkeit einschleichen, ist es ratsam, diese Übung häufig zu wiederholen. Es empfiehlt sich, sie im Stehen auszuführen, doch kannst du die Wirkung auch sitzend erreichen.

- Stelle dich bequem, locker und aufrecht.

- Atme etwas tiefer aus und ein und lass es zu, dass sich beim Ausatmen die Bauchdecke senkt und sie sich beim Einatmen hebt.

- Stelle dir vor, die Verlängerung deiner Nasenspitze sei ein Filzstift.

- Wende deinen Kopf nach links und zeichne einige große Kreise im Uhrzeigersinn.

- Zeichne dann diese großen Kreise, von rechts ausgehend, gegen den Uhrzeigersinn. Ziehe langsam und gleichmäßig deine Linien.

- Wende deinen Kopf nach links und beginne, deinen Vor- und Nachnamen mit groß ausladenden Buchstaben in die Luft zu schreiben.

- Lass dir Zeit. Wenn du möchtest, kannst du die Augen schließen. Der Mund bleibt leicht geöffnet und gelöst.

Wirkung

Andauernde Anspannung des Nackenbereiches blockiert nicht nur die Energie, die fließen möchte, sondern verbraucht sie sogar. Halsstarrigkeit und Hartnäckigkeit, die deine Gedanken und Gefühle einengen, werden in dieser Übung gelockert. Die Nackenmuskulatur entspannt sich. Du bekommst einen klareren Kopf, wirst umsichtiger und kannst somit anstrengungsloser und „richtiger" sehen.

Religiöser Bezug

„Ich zerbreche das Joch auf ihrem Nacken; ich zerreiße seine Stricke, und Fremde sollen ihn nicht mehr knechten."
(Jeremia 30,8)

„Nie sollen Liebe und Treue dich verlassen; binde sie dir um den Hals, schreib sie auf die Tafel deines Herzens."
(Sprichwörter 3,3)

Verbessere deine Beziehung zu anderen

77 Gib Liebe und Barmherzigkeit

Übung

Licht und Wärme der Sonne sind die Bedingungen für Leben und Wachstum. Das Sonnengeflecht (Solar-Plexus) sorgt im Menschen für den Stoffwechsel und die Verdauung.

- Erspüre im Liegen dein Sonnengeflecht, welches sich um deinen Nabel befindet. Lege deine Hände darauf.

- Lass dieses Zentrum seine heilende Wirkung tun - besonders dann, wenn dir etwas auf den Magen geschlagen ist, dir die Galle überläuft oder dir etwas an die Nieren geht.

- Spüre, wie deinem inneren Fühlen Raum geschaffen wird und nimm diese Kraft auf in dein Bewusstsein.

- Dieses Nervengeflecht kannst du zur leibhaften Basis deiner Meditation machen, indem du dich von hieraus für neue Energien öffnest, die darauf warten, in uns einströmen zu dürfen.

Wirkung

Machst du dir das Sonnengeflecht und seine Ausstrahlung bewusst und behandelst es liebevoll, darfst du dir einer heilenden Wirkung sicher sein. Deine inneren Organe, die mit deinem Tiefengefühl in Verbindung stehen, werden heilsam beeinflusst. Allmählich entwickelt sich in dir ein eindeutiges und starkes intuitives Fühlen, das dich so leicht nicht enttäuscht. Du lernst, mit dir selbst barmherziger umzugehen und erweist diese Liebe auch anderen.

Religiöser Bezug

„Jeder zeige seinem Bruder gegenüber Güte und Erbarmen." *(Sacharja 7,9b)*

„Denn das Gericht ist erbarmungslos gegen den, der kein Erbarmen gezeigt hat. Barmherzigkeit aber triumphiert über das Gericht." *(Jakobusbrief 2,13)*

„Liebe aber wird in Ewigkeit nicht ausgetilgt, Barmherzigkeit besteht für immer." *(Jesus Sirach 40,17)*

Literatur

Aurelius Augustinus: Bekenntnisse 1, 1.5. In: Texte der Kirchenväter. Erster Band. München 1963, 11.

Basilius der Große: Ausgewählte Homilien und Predigten. Bibliothek der Kirchenväter. Band 47. München 1925, 194.

Johannes Chrysostomus: Homilien zum 1. Thessalonicherbrief 9,4. In: Texte der Kirchenväter. Erster Band. München 1963, 471.

Gerhard Tersteegen: Weg der Wahrheit. Stuttgart^4 1968 (Nachdruck).

Romano Guardini: Von heiligen Zeichen. Mainz 1979, 14–15.

Hesychios der Sinait: Von Wachsamkeit und Tugend, 102. In: Byzantinische Mystik. Ein Textbuch aus der „Philokalie". Band I: Das Erbe der Mönchsväter. Ausgewählt und übersetzt von Klaus Dahme. Salzburg 1989, 138.

Hieronymus: Brief an Furia 54,9. In: Texte der Kirchenväter. Erster Band. München 1963, 522–523.

Ignatius von Loyola: Geistliche Übungen. Übertragung und Erklärung von Adolf Haas. Freiburg ^{4}1966, Nr. 75, 41.

Makarius: Fünfzig Geistliche Homilien. Bibliothek der Kirchenväter. Band 10. Kempten und München 1913, 170.

Angelus Silesius: Cherubinischer Wandersmann. Christliche Meister. Band 6. Einsiedeln^2 1980, Nr. 14, 45.